# 语料库词典学

## 理论与方法探索

**Corpus Lexicography:**
Theory, Method, and Application

李德俊 著

译林出版社

**图书在版编目(CIP)数据**

语料库词典学：理论与方法探索 / 李德俊著. —南京：译林出版社，2015.1
ISBN 978-7-5447-5142-1

Ⅰ.①语… Ⅱ.①李… Ⅲ.①语料库-词典学-研究
Ⅳ.①H06

中国版本图书馆CIP数据核字（2014）第270083号

| | |
|---|---|
| **书　　名** | **语料库词典学：理论与方法探索** |
| **作　　者** | 李德俊 |
| **责任编辑** | 马绯璠 |
| **出版发行** | 凤凰出版传媒股份有限公司<br>译林出版社 |
| **出版社地址** | 南京市湖南路1号A楼，邮编：210009 |
| **电子邮箱** | yilin@yilin.com |
| **出版社网址** | http://www.yilin.com |
| **经　　销** | 凤凰出版传媒股份有限公司 |
| **印　　刷** | 江苏苏中印刷有限公司 |
| **开　　本** | 652毫米×960毫米　1/16 |
| **印　　张** | 15.75 |
| **字　　数** | 185千 |
| **版　　次** | 2015年1月第1版　2015年1月第1次印刷 |
| **书　　号** | ISBN 978-7-5447-5142-1 |
| **定　　价** | 35.00元 |

译林版图书若有印装错误可向出版社调换
（电话：025-83658316）

# 目　录

# 前 言

词典研编与语料库的结合可谓历史悠久，早期词典编纂过程中使用的卡片可视为现代语料的前身。早在1747年，英语词典编纂的鼻祖塞缪尔·约翰逊 (Samuel Johnson) 就发表了《英语词典规划》(*Plan of an English Dictionary*)，将前人收集资料的好方法作了总结。他所编的英语词典所含例证和说明达15万条以上，可见其所收集的资料库规模已相当可观。《牛津英语词典》(*Oxford English Dictionary,* 简称为 *OED*) 于1928年完成，所用的例证有400多万条，卡片1100多万张。《韦氏新国际英语词典》(*Webster's New International Dictionary of the English Language*) 第二版的编写参照了100多万条例证，第三版于1961年付印时，新旧例证共达1000多万条。

利用真实语言资料进行研究，也一直是词汇学家和语法学家的传统做法。英语语法大师奥托·叶斯柏森 (Otto Jesperson) 在编写《英语语法要略》(*Essentials of English Grammar*) 时，所使用的卡片数目多达30至40万张。20世纪40年代，美国的语言学家弗朗茨·博厄斯 (Franz Boas) 在研究美洲印第安语言时就使用了语料库的方法，后来的结构主义语言学家更是如此。

今天，语料库被视为现代语言学的三种主要研究方法之一，而在词典研编领域，不仅词典编纂离不开语料库，基于语料库的各项理论研究也正在如火如荼地进行。从国外的词典研编来看，语料库方法已经逐渐成为主流。

近年来出版的大型英语词典基本都采用了语料库辅助词典编纂（Corpus-aided Dictionary Compilation，简称为 CADIC）的手段。

基于语料库的词典编纂技术研究是语料库词典学的主要研究方向之一，基于语料库的词典学理论研究以及词典语料库建设的研究是语料库词典学的另外两个主要研究领域。

词典学是关于词汇的学问，词义的理解和重现是词典学的核心研究内容。汉语的词义研究从《尔雅》和《说文解字》开始，虽然汉语的词义研究已经有很长的历史，但是我国的词汇研究一直发展缓慢，直到上个世纪50年代，词汇研究还主要在"训诂"的范围内进行，真正意义上的汉语词汇（包括词义）研究从改革开放后才开始。改革开放以来，我国出版了一系列的词汇学和词汇语义学著作，这些著作对汉语词汇的系统性、词汇的社会性、词的内部形式、词的语义分类、词的搭配、词义和语素义的关系、语义场、义素分析、词汇应用等方面进行了研究。虽然可以说汉语的词汇研究进入了新的发展阶段，但除了词汇应用研究之外，在词汇研究的大多数领域，研究方法依然较为传统，基于大规模语料的定量分析方法还没有真正开始。

与词汇研究密切相关的汉语词典编纂也主要依靠内省的方法，这集中表现在释义和义项处理上。

内省法明显的缺点是主观性，因为个人的语感或直觉并不总是正确的，而且当自己的语感与其他人的语感发生冲突的时候，也难以找到一个判断正误的标准。由于内省法的缺点，国外有学者称这样的词典编纂为"扶手椅上的词典编纂"（armchair lexicography）。

与汉语单语词典相比，我国汉英词典编纂存在的问题更为严重。从目前出版的汉英词典来看，由于落后的编纂方法和对汉语词典的过分依赖，词典指导编码的功能普遍较低。

语料库语言学为词典编纂提供了全新的方法，基于语料库的方法（corpus-based method）和语料库驱动的方法（corpus-driven method）相互结合，使传统的演绎法和归纳法合二为一。语料库与词典研编在国外的成功证明了语料库的技术手段对于词典研编的重要性。语料库方法依靠计算机强大的储存、检索、索引和统计功能，在词义研究方面具有内省和人工检索无法比拟的优势。

词义与语境关系密切，语料库方法可以通过文本索引重现语境。语料库可以提供大量的释义选项和例证选项供词典编纂人员参考，这些基于大规模真实文本的语料经过词典编纂人员的合理加工后成为词典的现实释义和例证。由于它们来源于真实文本，因此在真实性、科学性和可插入性方面都具有很大的优势，有利于使用者在具体的语境里生成正确的目的语。

短语驱动词典学 (phraseology-driven lexicography) 的研究表明，由短语构成的小语境是最重要的言内语境。语料库词典学的释义和配例等都可以围绕短语展开。

统计功能是语料库的另一个强项，通过统计校验可以使英汉语之间在某一层面上的“联结模式” (association pattern) 凸显出来。统计手段还是研究搭配和用法的有效方法，通过互信息值、*Z* 值等可以衡量搭配词的搭配力。同时，统计手段还对义项的排序、常用词的常用度衡量等有不可或缺的作用。

对于汉英双语词典来说，平行语料库具有单语语料库无法比拟的优势。双语词典解决的是在具体的使用环境中该如何选择目的语进行表达。双语词典的释义其实就是从源语到目的语的翻译。基于平行语料库的英汉词汇对比研究对双语词典具有重要意义。

语料库词典学具有一定的跨学科性质和技术性，它与信息科学、计算语言学等具有互动关系。由于作者水平所限，书中难免有疏漏或浅薄之处，恳请广大同仁批评指正。

# 第一章　引论

## ◆ 1.1 什么是语料库词典学

语料库词典学可以简单定义为基于语料库的词典学理论研究和词典编纂技术的探讨。但对于词典学本身作为一门学科的地位都不甚牢固的今天，语料库词典学是否能作为一个学科来研究似乎更加令人怀疑。词典学通常被视为词汇学的分支，或者说词典学是将词汇学的理论运用于词典编纂的工作，其本身只能视为词汇学理论的应用。有人认为词典学只能算个应用学科，词汇学才是理论学科。据哈特曼（Hartmann，2006：9）介绍，国际上词典学的研究专刊只有几种：牛津大学出版社出版的《国际词典学学刊》（*International Journal of Lexicography*），北美词典学会（Dictionary Society of North America）出版的《词典学年鉴》（*Dictionaries*），尼迈耶（Niemeyer）出版的《国际词典学年刊》（*Lexicographica International Annual*），WAT 出版的《词典学研究年刊》（*Lexikos*）和上海辞书出版社出版的《辞书研究》等。国内外有影响的词典研究中心也为数不多。大部分词典和工具书也将词典学（lexicography）定义为“词典编写”（dictionary-making）的工艺，而不认为词典学是一个独立的学科。下面是一些权威工具书对词典学的定义：

词典学指的是词典编纂的实践。（Lexicography is “the practice of compiling dictionaries”.）（*NODE*，1998）

词典学指的是词典的撰写或编纂的过程或工作。（Lexicography is

"the process or work of writing or compiling a dictionary".)（*AHD*，1992）

词典学是撰写词典的活动或工作。（Lexicography is the activity or profession of writing dictionaries. )（《柯林斯COBUILD高级英汉双解词典》（电子版），2001）

词典学的地位尚且如此，那么语料库词典学还能作为一门学科来进行研究吗？

据作者掌握的资料，目前以"语料库词典学"为题名关键词出版的著作除了黄铭友（Ooi Beng Yeow）的《计算机语料库词典学》（*Computer Corpus Lexicography*）（Ooi，1998）之外，专门论述语料库词典学的著作在国内外都不多见。但这些都不能否定将语料库词典学作为一门学科来研究的意义。语料库与词典学的结合，不仅使传统词典学在方法论上发生了革命性的变化，语料库词典学关于意义的思考，特别是词义的形成和再现的研究拓展了词典学的理论研究内容。在信息化时代，语料库词典学具有跨学科的性质，它既是当代词典学最具前景的研究领域，也是计算语言学、自然语言处理等领域的重要研究内容。随着词典学学科地位的日益巩固以及计算机语料库技术的日臻成熟，语料库词典学必将受到广泛重视。

### 1.1.1 词典学学科地位日益巩固

大多数否定词典学是一门学科的人都认为词典学讨论的只是词典编纂的技术，它是一种实践，不是理论研究。这种观点貌似合理，其实简单的推理就能证明其片面性。

自然科学领域也有理学和工学的区分，但从来就没有人怀疑工学研究是一门学问。以计算机科学为例，它的许多领域都是技术性的，如软件开发、程序语言、数据库应用技术等。这些技术性的研究离不开理论，而它反对来又推动了计算机科学理论的发展。词典学不仅是对词典编纂技术的研究，也是词典理论的研究。经过众多学者的努力，词典学已经具有了词典学本体研究和词典学跨学科研究的双重性质。

#### 1.1.1.1 词典学的语言学传统

20世纪60年代以前，人们（包括词典编纂者）并没有从理论的高度来看待词典编纂，词典编纂与语言学研究长期脱节。马克瓦尔德（Marckwardt，1963：344）批评说："英语词典的编纂没有反映语言学的任何成果，在词典中，词类还是按传统的方式分为名词、形容词和动词等。词典编纂者也没有考虑是否依据形式或功能而给词典一个前后一致的结构。词典在释义的时候也看不到任何结构主义的影子。"

此时，词典编纂和词典学也长期被主流语言学家所忽视。这主要有两方面原因。

第一，语言学家们认为词典只是一种商品，从词典产生之日起，它就没有过任何的变化。词典与语言学理论无关，也没有科学性，不值得对其进行研究。词典充其量只能算是与语言学相关的一个不纯净的副产品（an impure by-product of linguistics）（Rey，1982：17）。

第二，因为词典是关于词汇的书，是语言中某些词的汇集，而在19世纪以及20世纪70年代之前，词汇一直被视为语言研究中无足轻重的成分。在当时，词汇学也没有被当作语言学的一个分支来看待。布龙菲尔德（Bloomfield）非常轻视词汇的研究，他认为"词汇表记录的只是一些没有规律的东西，词汇只能是语法的附庸，而语法反映的才是语言形式有意义的组合"（Bloomfield，1933：274）。除布龙菲尔德之外，20世纪最具影响力的转换生成语法学派在早期也对词汇研究持否定态度，该学派的两个代表人物乔姆斯基（Chomsky）和哈利（Halle）是这样定义词汇和认定词汇功能的：词汇如同一个垃圾桶，在语言研究中不规则的、没有共性的东西就会被扔到其中（Chomsky and Halle，1968：12）。

1961年《韦氏新国际英语词典第三版》（*Webster's Third New International Dictionary of the English Language*）的出版标志着词典编纂领

域一个全新时代的到来。它受结构主义语言学的影响，崇尚描写语言学而抛弃了规定主义的历史语言学。该词典的出版引起了语言学界的广泛争论，也引起了语言学家对词典学的关注。自 20 世纪 60 年代以来，词典学引起了越来越多的语言学家的注意，词典学家也意识到语言学理论对词典学的重要意义。

1960 年在美国印第安纳州的伯明顿（Bloomington）召开了第一次具有国际影响的词典学会议，参加会议的不仅有词典学家，还有一些有影响的语言学家。此后，许多语言学家不仅撰写词典学研究论文，而且还直接参加了词典的编写工作，如威廉·拉波夫（William Labov）、伦道夫·夸克（Randolph Quirk）、戴维·克里斯托尔（David Crystal）、约翰·辛克莱（John Sinclair）等。

早在上个世纪 40 和 50 年代，有些词典学家就意识到语言学对词典编纂的价值，从那时开始，词典学就不断从语言学研究中汲取营养。随着词典学研究的深入，语言学和词典学研究开始相互交织，互为补充，从单纯的给予和获利关系转变为互动关系（Bejoint，2002：177-178）。词典编纂工作的重要性和词典研究的价值也逐渐得到了语言学界的认可，词汇研究再次受到重视。

从 20 世纪 70 年代起，词汇研究也逐渐受到了语言学家的关注。转换生成学派发现用转换规则无法解释一些结构之间的关系，如 they destroyed Pompeii 和 their destruction of Pompeii。在这种情况下，乔姆斯基试图运用一种叫“词汇假设”（lexicalist hypothesis）的理论对词汇（像上面的 destroy 和 destruction）进行赋值。他认为这些问题靠语法（grammar）是解决不了的，应该开展词汇的研究（Chomsky，1970）。随乔姆斯基之后，杰肯诺夫（Jackendoff，1975）研究了与词汇相关的“冗余理论”（redundancy rule），后来他进一步认为词汇是语音结构（phonological structure，简称为 PS）、句法结构（syntactic structure，简称为SS）和概念结构（conceptual structure，简称为CS）间联系的桥梁。哈德森（Hudson，1991：1-14）在《英语词汇语法》（*English Word Grammar*）中列举了当今语言学发展的8个趋势，其中“词汇主义”（lexicalism）被摆在首位（Hudson，1991：3-4）。词汇主义认为语言研究应该从语法中心转变为词汇中心。此外，词汇研究也受到了其他许多学者的重视，如韩礼德（Halliday，1985，1991，1992）等。

今天，词典学研究的内容和方法已经远远超出了语言学的范畴，词典学既不隶属于词汇学，也不是应用语言学的分支，它已经是一门独立的学科。

从元词典学（metalexicography）的角度看，哈特曼认为词典学的主要研究对象有5个：（1）词典史的研究；（2）词典评价的研究；（3）词典结构的研究；（4）词典类型的研究；（5）词典使用的研究。（Hartmann，2006：31）

哈特曼的分类其实不够全面，词典的主要功能之一是用语言（同一种或另一种）诠释语言，因此与词典诠释相关的理论和方法研究也应该是元词典学的主要研究对象，它与哈特曼所列举的5个领域共同构成了词典学理论研究的主要内容。

自兹古斯塔（Zgusta）之后，国内外涌现了许多词典学理论家，在理论词典学和应用词典学领域都出版了有影响力的著作，发表了大量词典学方面的论文。国内学者章宜华和雍和明认为“现代词典学已经形成一门自成一体、相对独立的学科”（2007：7）。他们还认为，将词典学简单视作一种技巧和艺术而不承认词典学是一门学问的观点是“对词典学的现代发展和词典学理论指导词典编纂的作用视而不见”（2007：4）。

#### 1.1.1.2 词典学的跨学科研究

在计算语言学和机器翻译领域，有关自然语言的大部分知识都是以机器词典（又称“电子词典”、“自动词典”）的形式存储和利用的。机器词典不仅保存了词法信息，同时也保存了句法、语义甚至语用信息。

与传统词典不同的是，机器词典需要对自然语言进行形式化的处理。这不仅涉及到信息科学，而且也离不开词典学研究。词典学的结构研究对机器词典的编写具有直接的指导意义，但由于机器词典的特殊性，机器词典又需要突破传统词典的结构框架，例如，传统词典在收录词条时可以不考虑词块（chunk），但对于汉语自动分词系统、信息检索系统和机器翻译系统来说，词块的价值远远大于（单）字和词的价值。词块可以为最大化匹配提供便利。冯志伟（1994：231）认为："机器词典是机器翻译的基础，没有好的机器词典，机器翻译就等于无米之炊，是根本无法进行的。"语料库词典学的研究对机器词典的编纂和研究具有重要意义。

从上世纪80年代起，基于信息技术和词汇语义研究成果的新型词典——语义词典（或称词库）逐渐进入了研究者的视野并迅速发展。语义词典分为机读语义词典和人用语义词典。什维多娃主编的《俄语语义词典》就是一部出版的人用语义词典。但语义词典的研究重心在机读词典，因为只有机读词典才能有效结合传统词典和计算机技术。目前，该项研究已经取得了丰硕的成果，在计算机科学家和语言学家的合作下，国内外发布或出版了很多有价值的语义词典。下面以WordNet为例简要概述语义词典的原理和作用。

WordNet的研究正式开始于1985年，发起人是普林斯顿大学的几个心理词汇学家和语言学家，它是传统的词典信息与计算机信息技术以及心理语言学的研究成果有效结合的产物。WordNet目前的最新版本是3.0版，可从http://wordnet.princeton.edu/wordnet/download/处下载。但该版本不支持Windows系统，只能在Unix、Linux等平台使用。如果需要在Windows系统下使用，可以下载WordNet 2.1版。另外，普林斯顿大学的WordNet网站提供在线检索服务。

WordNet 的研究基于 3 个假设：

（1）可分离性假设（separability hypothesis）。自然语言中的词汇部分可以被分离出来并专门对其进行研究。

（2）可模式化假设（patterning hypothesis）。一个人不可能掌握他使用的某种语言所需的所有词汇，除非他能够利用词义之间存在的系统的模式和关联。

（3）广泛性假设（comprehensiveness hypothesis）。如果计算机要像人那样处理自然语言，就需要像人那样储存尽可能多的词汇知识。

义素分析法可以用来建立包含词汇语义关系的大型词库，但是定义一套完整的概念（即义素）来描写词义却并非易事。事实上，WordNet 的创始人之一乔治・A. 米勒（George A. Miller）对义素分析法的语义描写方法也非常感兴趣，他的著作《语言与感知》（*Language and Perception*）（1976）反映了他基于义素分析法的词义研究。由于没有找到完整的定义义素的方法，基于义素分析法的词义描写方法逐渐被放弃。

WordNet 对词义的描写不是基于义素，而是基于词和词之间的关系，词语的意义取决于该词与词汇网中其他词语的联系。因此，对于一个有关词义的关系网来说，词义不需要定义，我们只要通过与它相关联的词就能判断其意义。

那么，WordNet 建立的是什么样的语义关系网呢？

WordNet 的官方网站是这样介绍该语义词典的：WordNet 是大型的英语词汇数据库（a large lexical database of English），名词、动词、形容词和副词按认知语义关系组成同义词集合（synset），每组都表示一个独立的概念，不同的同义词集合之间通过概念，即语义的关系和词汇的关系而相互关联。

WordNet 与义类词典（thesaurus）有相似之处，它们都是根据词义对词汇进行分类。但 WordNet 与义类词典有很大的区别，WordNet 不仅以同义词集合的方式罗列概念，同义词集合之间也通过一定的关系类型相联结，这些关系主要包括上下位关系（hyponymy）、反义关系（antonymy）、蕴含关系（entailment）、部分-整体关系（meronymy）等。

在 WordNet 中，词汇之间的主要关系是同义关系（synonymy），意义相近的词语组成同义词集合。对于同义词集合来说，上下位关系是其间最重要的关系。名词集合（noun synset）通过上下位关系连接起来，用"@ →"表示，如 {bed}@ → {furniture}。动词集合（verb synset）也通过上下位关系连接起来，动词下位词（troponym）表示更为具体的动作，用"~ →"表示，如 {move}~ → {walk}~ → {stagger}；动词间的蕴含关系用"* →"表示，如 {buy}* → {pay}。形容词间通过反义关系连接，用"! →"表示，如 {young}! → {old}；对于绝对反义词来说，处于两极的形容词（polar adjective）再通过同义关系与其他形容词相连。

米勒用下图描述了名词词汇概念之间 3 种重要的关系网（Miller，1993）：

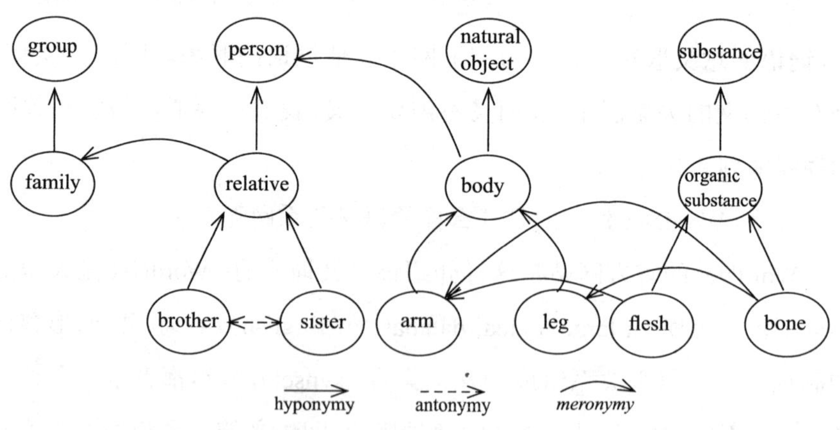


**图 1-1　名词词汇概念关系网**

在 WordNet 的浏览器中，以上各种关系以直观的方式显示。以 walk 为例，在 WordNet 中进行查询，选择"名词"，结果如图 1-2。

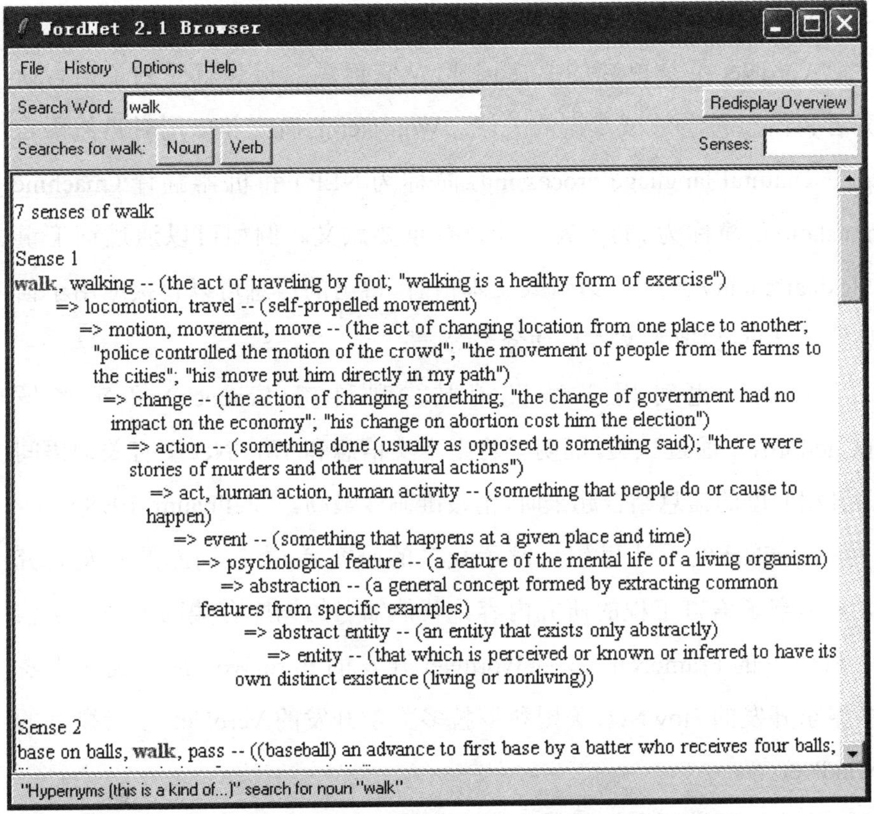


**图 1-2　WordNet 中 walk 的查询结果**

在《词网：电子词汇数据库》（*WordNet: An Electronic Lexical Database*）一书中，米勒等论述了 WordNet 最具潜力的应用之一，即“知识工程”（Fellbaum，1998）。

所谓的“知识工程”是这样的：如果我们要为常识推理建模的话，前提是必须拥有一个知识库，其中储存着大量的概念和关系。WordNet 可以提供大量的概念，但还没有为推理提供足够多的关系。解决方案是对 WordNet 中的注释部分进行消歧（disambiguation），以得到词语间更多的关系，将 WordNet 中的注释转变为包含各种关系的语义网络。米勒等举了一个例子：在 hungry 和 refrigerator 之间也存在一个路径，因为这两个标记词在 food 这个节点上相遇。也就是说，通过 food，我们可以将

hungry 和 refrigerator 联系起来，从而用于常识推理。（Fellbaum，1998）

WordNet 不是单纯的语文词典，从它诞生之日起就受到了语言研究者和信息科学领域专家的关注。WordNet 的研究和应用对自然语言处理（natural language processing，简称为 NLP）和机器翻译（machine translation, 简称为 MT）等领域都有重要意义。例如可以通过词汇链（lexical chain）来推导话题或文本信息，得出的信息可以直接应用于信息检索、信息提取和文本自动分类等。

WordNet 也可用于语义消歧。利科克（Leacock）和霍多罗（Chodorow）通过试验，证明了将上下文信息和 WordNet 中有关词语间语义相似度的信息结合起来时，消歧准确度最高。（Fellbaum，1998）

WordNet 的设计思想启发了众多的研究者，类似词库的开发研究大大丰富了语言工程的研究内容。其他知名的词库有美国加州大学伯克利分校的 FrameNet，参照 WordNet 开发的 Euro WordNet，我国学者董振东开发的 HowNet，美国科罗拉多大学开发的 VerbNet，以及微软的 MindNet 等。

词库的开发研究拓展了传统词典的应用和研究领域，是词典学新的增长点。与其他学科的互动进一步丰富了词典学的研究内容，推动了词典学的发展。可以预测，由于词典学与其他学科，特别是与信息科学的有效结合，具有时代特征的新的词典学研究正在形成，词典学的学科地位也会随之进一步得以巩固。

### 1.1.2 语料库词典学的兴起

“语料库词典学”（corpus lexicography）这一术语首次出现在阿特金斯（Atkins，1991）的著作中，黄铭友在其著作中使用了“计算机语料库词典学”（computer corpus lexicography），以区别于前计算机时代在词典编纂领域使用语料的方法（Ooi，1998）。哈特曼和詹姆斯在《词典学词典》（*Dictionary of Lexicography*）中使用的术语是“基于语料库的词典学”（corpus-oriented lexicography），并将其定义为“基于语料库语言学的工具和手段的词典编纂方法”（an approach to dictionary-making based on the tools and techniques of corpus linguistics）（Hartmann and James，2000）。

语料库与词典编纂的结合有着悠久的历史，早期词典编纂过程中使用的卡片可视为现代语料的前身。从 18 世纪中期开始，词典编纂人员开始有意识地收集真实文本，并在此基础上确定词典的词目、进行释义、提取例证等。许多词典学家把他们的工作视为在词典编纂领域使用语料库的开始（Osselton，1983；Bejoint，2002：97）。但此时的语料库还不是真正意义上的语料库，现代的语料库是可供计算机检索的电子语料库，它应该具有以下 3 个基本条件：

（1）代表性。选材不具备代表性的语料库难以保证研究的科学性，代表性是语料库选材的最基本要求。

（2）目的性。语料库不论建多大，与真实的语言世界相比都是沧海一粟，语料库只是话语全域的一个代表。托伊贝特（Teubert，2001）说过，话语全域包罗万象，语料库无法包含其全部内容，普适的语料库是不存在的。所以我们要根据研究的目的决定语料库的选材和规模。

（3）机器可读性。虽然语料库不一定都要经过详细的标注，但机器可读性是必备的条件。语料库文本只有在软件环境下才能进行检索、统计等自动化处理，一个不能被机器处理的语料库在应用价值方面难以得到保障。

第一个具有现代意义的计算机语料库是 1964 年建成的布朗语料库（Brown Corpus），但语料库用于词典编纂却始于 20 世纪的 70 年代末。伯明翰语料库（Birmingham Corpus；COBUILD Corpus）的建成标志着词典语料库应用的成熟，基于该语料库编写的词典已经有多部面世，它们就是著名的 COBUILD 系列词典。朗文语料库网络（The Longman

Corpus Network）建设的主要目标之一是编纂英语学习词典，为外国人学习英语服务。此后，英国国家语料库（British National Corpus，简称为 BNC）、英语文库（Bank of English, 简称为 BOE）等陆续建成，基于语料库的词典编纂进入了黄金时期。除 COBUILD 系列词典之外，牛津系列词典和朗文系列词典的编写都借助了语料库，剑桥大学出版社也借助语料库编纂出版了《剑桥国际英语词典》（*Cambridge International Dictionary of English*）。

许葵花和张卫平（2003）在他们的文章中指出："在词典学的各个分支领域，语料库已成为不可或缺的词典编撰依据。不依靠语料库而编撰的词典将没有市场竞争力。在不久的将来，真正的语料库运用将成为全世界词典编撰的标准。"

计算机语料库的运用是词典编纂技术一次重大的革新，同时也给词典学的理论研究提供了新的思路和方法。黄铭友的《计算机语料库词典学》（Ooi，1998）和章宜华的《计算词典学与新型词典》（2004）是具有代表性的论著。另外，还有大量的相关研究论文和硕博学位论文。阿特金斯和朗德尔（Atkins and Rundell，2008）的著作《牛津实践词典学指南》（*The Oxford Guide to Practical Lexicography*）系统论述了语料库在词典编纂中的使用方法，是语料库词典编纂研究领域的代表作之一。

在近年来召开的词典学国际会议上，语料库词典学及其相关研究常常成为主要话题。例如 2000 年在德国斯图加特召开的第九届欧洲词典学会（European Association for Lexicography，简称为 EURALEX）国际会议上，语料库词典学工具软件是大会讨论的一个专门的议题；2002 年在丹麦哥本哈根召开的第十一届国际词典学研讨会上，语料库词典学作为词典学新的研究领域而受到了重视（王馥芳、罗敏莉，2004）。欧洲词典学会现在每两年召开一次会议，2012 年 8 月在挪威奥斯陆召开的大会上，语料驱动词典学（corpus-driven lexicography）、语言技术领域的词典学（lexicography in language technology）、词典学与语义理论（lexicography and semantic theory）是主要议题。

与语料库词典学相关的技术也日趋成熟，正如朗德尔所说的那样，在语料库词典学领域，人们正在研究词语组合在词典中的处理，以及在词典数据库中增加相关的搭配、语法结构和文本类型信息的新技术，这些新技术具有广阔的前景，将大大简化词典编纂的过程，并减少人力的投入（朗德尔，2009）。

综上所述，语料库词典学的理论框架已经基本形成，研究方法和手段日臻科学化和多样化，将其作为独立的学科进行研究的条件已经具备。

## ◆ 1.2 语料库词典学的研究对象

从前文的简单定义看，语料库词典学的研究对象主要是基于语料库的词典学理论研究和基于语料库的词典编纂技术研究。但事实上，语料库词典学的研究对象却要丰富得多。下图描述了语料库词典学的研究对象：

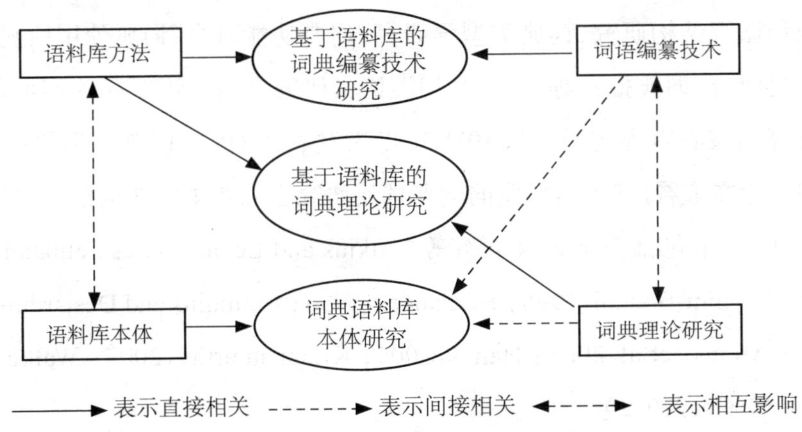


**图 1–3　语料库词典学研究对象**

基于语料库的词典编纂技术研究指的是将语料库方法应用于词典编纂领域，也包括机器词典的编纂；基于语料库的词典理论研究指的是语料库方法和词典理论研究的结合；以词典理论研究和编纂技术研究为服务对象的语料库建设研究是词典语料库本体研究的内容。以上3个方面构成了语料库词典学的主要研究对象。此外，词典编纂技术研究和词典理论研究之间以及语料库研究方法与语料库本体研究之间也具有互动关系，但不属于本书讨论的范围。

根据语料库词典学的研究对象，语料库词典学可以重新定义为：基于语料库的词典编纂技术、词典理论以及词典语料库建设的研究。

词典编纂自动化是基于语料库的词典编纂技术研究的终极目标，但由于理论研究的不足和技术的限制，该目标任重道远。既便如此，语料库的运用给词典编纂技术带来的革命性变化无可否认。从目前的研究来看（Lobanova，et al，2010；Pind, et al，1993；Boas，2005；Atkins，1991；Atkins，et al，2003；Kilgarriff，1997；Fontenelle，1997；章宜华、雍和明，2007；李德俊，2007），语料库在词典研编的各个主要环节都发挥着重要作用。

基于语料库的词典理论研究包括与词典相关的词汇语义研究、词典宏观和微观结构研究、词典类型学研究、词典功能研究、词典使用研究、词典史研究、词典批评等。其中，词汇语义研究是基于语料库的词典理论研究的核心内容之一。从 1988 年以来发表在《国际词典学学刊》上的相关论文来看，基于语料库的词典理论研究也主要集中在词汇语义研究方面，其中包括搭配语义研究等（Atkins and Levin，1995；Fellbaum，1995；Tognini-Bonelli，1996；Hernández，1996；Cummins and Desjardins，2002；Atkins，et al，2003；Hanks，2004；Krishnamurthy，2008；Walker，2009；McGee，2012）。

词典语料库本体研究包括单语库、双语库和多语库的建设研究以及基于语料库的词典编纂系统的开发研究。其主要研究对象包括语料库的规划设计研究、语料库的结构研究、语料库的类型和规模研究、语料库的代表性研究、语料库的加工研究、平行语料库的对齐研究、词典语料库检索软件和词典编纂平台的开发研究等。

# 第二章 基于语料库的词典理论研究

根据不同的标准，词典可有不同的分类。在各种词典中，语文词典的结构最为复杂，有关词典学的理论研究也主要集中于此。语文词典主要描述所收录词汇在语音、形态、意义、语法、句法、搭配、语用甚至词源等方面的信息。词典作为解释和描述词汇的工具书，决定了词典的理论研究要以词汇为基础，而词汇语义研究是词典理论研究的核心。基于语料库的词汇语义研究，特别是释义研究和搭配语义研究是语料库词典学的主要研究领域。

## ◆ 2.1 基于语料库和语料库驱动

在语料库语言学的研究领域，许多语言学家（Sinclair，1996；Ooi，1998；Tognini-Bonelli，2001；Taylor，2008）都将基于语料库（corpus-based）和语料库驱动（corpus-driven）作为两个不同的概念提出，其中托尼尼-博内利（Tognini-Bonelli）的区分和论述最为深入，也最具代表性。

### 2.1.1 基于语料库

基于语料库将语料库作为一个方法论，语料库用以阐释、验证语言理论。在没有大型语料库可用之前，语言学家进行语言研究主要依靠内省。然而，我们无法知道个人的语感或个人对语言体验的本质特征，语感只能代表研究者个体对语言的判断。基于语料库的研究方法充分考虑理论和数据之间的关系，通过数据分析和过滤的量化研究验证假设或现有理论是否可靠（Tognini-Bonelli，2001：65–67）。

托尼尼-博内利以英语词 any 为例详细阐述了基于语料库的方法。假设认为关于 any 的使用规则是：(1) 用于否定句；(2) 用于疑问句；(3) 用于 if/whether 之后，表示怀疑或疑问。(Tognini-Bonelli，2001：15-17)

为了验证这一规则(假设)，作者使用伯明翰语料库进行检索，下图是 any 的部分索引行。

| | | | |
|---|---|---|---|
| 1. | Today there is very little, if | **any**, | scurvy or pellagra in the South, |
| 2. | his computer print-out, is not due to | **any** | further physical development of |
| 3. | can play with food colours in almost | **any** | way it likes. Another ancient |
| 5. | in the evidence to show that there was | **any** | unhappiness or that there'd been |
| 6. | would be in any way effective, have | **any** | bearing on stopping this abuse? |
| 7. | in doing so they intended to preclude | **any** | possibility of retreat, for they |
| 8. | them to brush up their French - or | **any** | other language for which it was |
| 9. | If, no guarantee that they would have | **any** | taste in common, but he always |
| 10. | red or maybe it was white, but in | **any** | event they had seen enough to |
| 11. | his just a cosy cul-de-sac? What, if | **any** | are your chances of promotion? How |
| 12. | of cans may fall about our ears | **any** | day. Let me end with the best |
| 13. | Haldane?", and offered $100 to | **any** | reader who could relate what Bal |
| 14. | bread made without yeast. Do not eat | **any** | of it raw or boiled, but eat it |
| 15. | not to let her be on her own at | **any** | time. She was never out of the |
| 16. | "Yes." "Did you ever have | **any** | Jewish religion? But of course |
| 17. | of the case, as it would have done to | **any** | of us had we been in their shoes, |
| 18. | dog and, although one could inject | **any** | amount of serum above the snake |
| 19. | can..." "There's no need for | **any** | of that other stuff," said Flint, |
| 20. | protested that I never brought home | **any** | of my friends. I explained, quite |
| 21. | sport. It's clean, we don't have | **any** | bloody jockeys in this game, thank |
| 22. | enough, it could begin to pour at | **any** | moment. If he had had a sister |
| 23. | low taxation, they could hardly, by | **any** | feat of self-deception, beget a |
| 24. | guarding herself against revealing | **any** | emotion, "I'm sorry". Inside, |
| 25. | is that you don't mean very much to | **any** | of them. A Gallup poll in February |
| 26. | be the shape of the dialogue - or at | **any** | rate these were the words I noted |
| 27. | going to emigrate with the twins to | **any** | old fascist dictatorship in any |
| 28. | image of the perfect housewife. | **Any** | group-living situation brings |
| 29. | cost even more time and money to have | **any** | influence. Max Nicholson in his |
| 30. | out, the way it was now doing, in | **any** | way painful for him. And then she |
| 31. | are going into hospital. The amount of | **any** | extra pension you are getting for |
| 32. | especially thick steaks. Remove | **any** | steaks for grilling from the |
| 33. | boat. Because the island has hardly | **any** | roads, there are very few cars - |
| 34. | injury, and reduce the development of | **any** | scar tissue. If this information |
| 35. | by air and during storage. Is there | **any** | truth in the fisherman's claim |

**图 2-1　伯明翰语料库中 any 的部分索引行**

语料分析表明上面假设中关于 any 的规则并不全面，除了上述规则外，any 还可以用于由某些副词(如 hardly)构成的半否定句(图 2-1 中第 23 和 33 行)和由某些特殊动词或动词短语(如 preclude、guard against）构成的词汇否定句（lexicalised negative）（图 2–1 中第 7 和 24 行）。在这一例中，基于语料库的研究结果丰富了已有的规则。

对于积极型词典来说，与词汇相关的使用规则如果表述不当或总结不全常常会误导使用者，给语言生成带来错误。合理的使用基于语料库的方法可以更新、丰富或修正已有的规则。

### 2.1.2 语料库驱动

语料库驱动视语料库为一种理论研究，对于语料库驱动研究来说，语料库不仅是储存语言材料的仓库，语料库还是建立语言假设的唯一源泉。语料库本身蕴含了自己的语言理论。（Tognini-Bonelli，2001：84–85）

语料库驱动的方法从观察分析语料开始，通过分析语料得出假设，然后进一步归纳、概括以形成语言规则。语料库驱动的方法可用于词义和搭配的研究，事先不设定词义（义项）和搭配规则，词义和搭配规则完全基于对语料的分析和总结。汉斯顿（Hunston，2006：46–47）对 initiative 和 condemn 的词义和搭配研究很好地诠释了该方法的特点。

在汉英词典编写中，义项的确定和排序是重要工作。长期以来，词典编纂者基本依靠《现代汉语词典》（2006）来确定义项并排序。借助语料库，可以先用关键词（词目词）检索，对检索结果进行分析归纳以确定义项，对各义项进行统计可以为排序提供理据。以下关于“挨”的词条是根据 PECC[①]（英汉平行语料库）的检索结果编写的（在 PECC 中共检索到 377 条记录），义项和排序依据的是对语料的分析和统计。

**【挨】āi** ① be close (near) to; hop (go; draw) close (near); approach; skirt; beside: 他俩～得很近。The two kept close to each other. | 人和人，肩～肩，脚跟脚。People rubbed shoulders，toes touched heels. | 夏洛蒂紧～着站在他身边。Close beside him stood Charlotte. | 稀稀落落

① PECC（Parallel English Chinese Corpus）是国家哲学社会科学基金项目“平行语料库与积极型《汉英词典》的研编”的第一期工程。详情请参见李德俊（2006）。

的几所破房子紧～着河边。A scattered little colony of ruinous houses were bordering upon the river. | 紧～学校 skirting the school | 别再～近我！Don't come nearer me! | 陪审团回来了，紧～着他走过去。The jury returned，and passed him close. | 他们～拢去瞧。They approached for a closer look. | 她～着孩子昏昏沉沉睡了一会。For a while，she dozed off beside her children. ② lean against; press against: 孩子们亲切地～着他。The children leaned against him affectionately. ③ squeeze: 我们～进门。We squeezed in. ④ one after (behind) another (the other); in turn; one by one; from ... to ... : ～个走进教室 go (file) into classroom one after another | 他眼巴巴地～个看着他们的脸色。He looked, wistfully, into their faces, one by one. | 他一声不吭，～次打量着他们。He looked from one to another in silence. | 杰克走了过来，～个闻了闻猫仔。Jake walked over and sniffed each of the kittens. ⑤ touch; lay a finger on sb: 他们要小锡匠答应不再走进黄家的门，不～她的身子。They ordered him not to enter Huang's house or lay a finger on her again.

辛克莱不仅强调语料库驱动的重要性，还在词典编纂实践中积极采用语料库驱动的方法。他认为语言知识的最佳源泉是语言使用，所谓的语言使用指的就是真实的、用于交际的文本。在题为《语料库驱动词典学》（*Corpus-driven Lexicography*）的文章中，克里希纳穆尔蒂（Krishnamurthy，2008：231–242）全面阐述了辛克莱关于语料库驱动的概念，并提出了语料库驱动词典学（corpus-driven lexicography）。语料库驱动词典学的研究方法是自下而上的方法（bottom-up methodology），研究从语料检索开始，继而对检索到的、未经任何修改的原始语料进行分析，然后再根据词典研究的需要对其进行分类。语料驱动研究不受人工干扰，不需要语感的参与。语料库驱动词典编纂不认可既往的词目；新词目、义项、释义都来自于语料；例证完全来自于语料库，不应有任何编辑修改。

### 2.1.3 小结

语料库驱动视文本（语料）为研究的源泉，辛克莱虽然没有直接批评乔姆斯基的语言理论，但他明确指出语言使用才是唯一可靠的（Krishnamurthy，2008：231）。从“柏拉图的洞穴”（Plato’s cave）到希拉里·普特南（Hilary Putnam）的“缸中之脑”（Brain in a vat），西方哲学关于理性主义和经验主义的争论从来就没有停止过。语料库驱动研究强调文本的价值，大量的研究也证明了文本的重要性。语料库驱动的概念丰富了词典学的研究理论和方法，语料库驱动词典学研究及语料库驱动词典编纂与词典编纂自动化关系密切。

但如果将文本作为研究的唯一源泉也有走极端之嫌。对语料库词典学来说，完全采用语料库驱动的方法是不可取的，应该有效利用现有词典成果，同时给内省留一席之地，这一点在下文将详细论述。

基于语料库和语料库驱动的区分对词典的研究和编纂意义不大，在词典研编中没有必要严格区分基于语料库和语料库驱动的方法。事实上，在实践中两种方法常常交替使用。例如，我们在使用语料库驱动方法进行词义研究的时候，语言学家或词典学家对语言的固有知识也在不知不觉中被使用，此时的分析方法又趋同于基于语料库的方法。我们也认为，语料库驱动的方法不具有自动性，在整个研究过程中，语言学家都会根据自己的知识和经验等对该方法进行不断地调整。

基于语料库和语料库驱动的二分法（dichotomy）近来在语料库语言学界也遭到了有些学者的质疑。麦克内里（McEnery，2012：150-151）认为基于语料库和语料库驱动的二分法在实践中难以行得通，有时甚至具有误导作用，因为语料库是作为方法论还是作为理论有时难以截然分开。戴南（Deignan，2005：88-89）认为基于语料库和语料库驱动的区分不具备二分法的特征，因为它们之间只是相对对立的关系。

对于词典研究来说，由于其主要目的是指导词典的编写，理论和实践是分不开的，因此，没有必要对语料库词典学的研究作上述区分。本书中其他地方使用的基于语料库研究包括语料库驱动研究。

## ◆ 2.2 短语学

### 2.2.1 定义

在当代英语语言学文献中，短语学用 phraseology 来表示，但其定义各异。例如：

短语学是语言学的一个分支，它是对固定表达、成语、搭配和谚语等所进行的理论研究。短语学的研究有时也包括短语词源和历史演变的研究。（Sterkenburg，2003）

短语学是对词语组合的结构、意义和使用的研究。（Cowie，1994）

以上两个定义在界定研究客体方面不尽相同，前一个定义视短语为固定的结构，而后一个定义将短语称为词语组合。词语组合可以是固定结构，也可以是自由结构。在当代语言学文献中，短语学并没有一个统一而明确的定义，其中最核心的问题是对研究对象，即短语的界定不一致，因此，首先有必要明确短语学的研究范围。

### 2.2.2 短语学的研究范围

在英文里，phraseology 也用来指短语。汉斯顿是这样定义短语的：短语是个很宽泛的概念，它用来指词汇、词群间在一定语境下的共现倾向（co-occurence）（Hunston，2011）。虽然有语言学家用 phraseologism 指短语（Gries，2008：6），但大多数学者都认可了 phraseology 不仅指短语研究，也可指称短语的做法。

在汉语传统语法文献中，短语被称作词组，指“大于词的语言单位，是由两个或两个以上的实词构成而不成为完整句子的语言单位”（胡裕树，1985：231）。本文所讨论的“短语”与汉语语法书所说的“短语”不是同一个概念。

格里斯（Gries，2008：6）认为短语是一个词汇单位和另一个或几个词汇单位的共现，该共现组合在短语或句子中具有独立完整的语义功能，其共现频率大于理论频率。

根据以上定义，在本书中，我们用“短语”指称具有完整语义的两个或两个以上的词所组成的词语串，该词语串在句子中作为一个语义单位使用，组成词语串的词语具有共现倾向，且共现具有统计学意义。短语可以是两个词构成的词组，也可以是多个词组成的分句。短语可以是固定词组，也可以是自由词组。固定词组包括成语、谚语、歇后语、专门用语、惯用语等；自由词组指按照语法规则组成的临时结构，如“绿叶子”、“我们的学校”等。

“老虎”不是短语，因为“老”和“虎”不可拆分；in spite 不是短语，因为其语义不完整；“词典的结构”、“英国大学”、my friend、buy a book 不是短语，因为构成这些词语串的语词间是偶然的共现关系，不具有统计学意义。具体而言，短语包含以下不同类别：

（1）固定词组（fossilized word sequence）。如汉语成语“胸有成竹”，谚语“三百六十行，行行出状元”，惯用语“穿小鞋”、“眼中钉”等；英语的 kick the bucket、French leave、as strong as a horse 等；

（2）准固定词组（semi-fixed word sequence）。如“打游击”、“开汽车”、make a proposal、solve a problem。准固定结构的搭配词也可以是非毗邻的，如“烧-水”、“运河-开通”、attend-meeting 等②，它们在短语或句子中也具有共现关系；

（3）半自由词组（semi-free word sequence）。如“胜利闭幕”、“大学毕业”、“金秋十月”、“丹桂飘香”、after a moment、hardly surprising。半自由词组的结构虽然没有固定词组和准固定词组那样稳定，但组成词组的词语共现频率却很高，共现倾向明显，像这样的词语串也被视为短语。

② 例如：烧了一大锅的水；蜿蜒200公里的运河5年内就全部开通了；attend a three-hour local council meeting

成语和惯用语在现代汉语里的分类一直存在争论，主要有两种观点：一派依照音节数来区分，将四字格的称为成语，三字格的称为惯用语；另一派以有无表意的双层性来区分成语和惯用语，有表意的双层性的是成语，没有表意的双层性的为惯用语。（周荐，2007：256）英语不区分成语和惯用语，统一用 idiom（习语）表示。kick the bucket、carry coal to Newcastle 是习语，red tape、cold comfort、do sb brown、show the white feather 也是习语。

根据以上分析，我们可以对短语作以下分类：

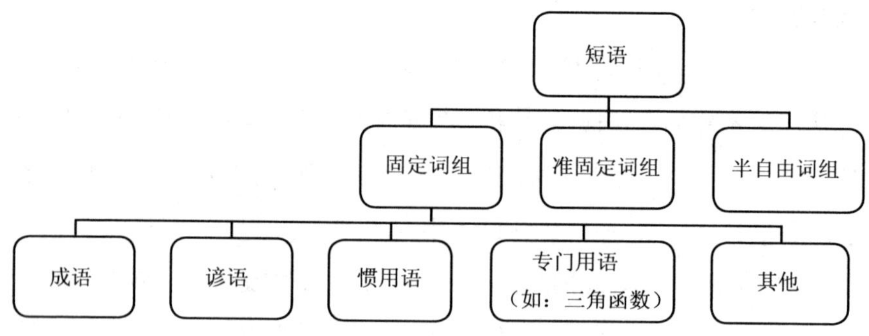


**图 2–2　短语的类型**

短语学以及短语学研究对象也可以概述如下：

短语学是对固定词组、准固定词组和半自由词组等词语串在识别、结构、意义和使用等方面所进行的研究。

从短语的类型来看，由于固定词组的结构严密，不可更变，因此固定词组不是短语学的主要研究对象。短语学研究的重点是准固定词组，这也是传统搭配研究的内容。语料库语言学的研究显示，由高频共现关系构成的半自由词组在语言生成和理解中也具有重要意义。语料统计方法的使用不仅使半自由词组的自动识别成为可能，也为半自由词组的识别提供了依据。

### 2.2.3 短语与搭配

搭配（collocation）是语料库语言学的重要研究领域，也是词典学的主要研究对象之一，搭配对语言的理解和生成具有举足轻重的作用。弗斯（Firth，1957：12）说的“由词之伴而知其词”（You shall know a word by the company it keeps.）也是肯定了搭配的重要性。辛克莱一再强调词汇不是孤立的，它们相互作用，意义来自于上下文，搭配是词义形成的关键（Moon，2008：243）。狭义的搭配指词汇之间的共现关系（Sinclair，1991：170），谢尔莫（Kjellmer，1984）使用搭配研究语法关系类联接（colligation）。传统的搭配研究从共现和选择限制两个方面来进行，如silly和ass的共现，letter与stamp、post的共现，“电视”对“看”而不是“观”的限制等。在当代语言学文献中，搭配的概念不同于传统的理解。

#### 2.2.3.1 搭配的多面性

在语言学界，对于什么是搭配还没有形成共识，下面的各种定义反映了人们对搭配的理解存有差异：

（1）搭配是符合语法的相邻词之间的语义兼容关系。（Collocation is “the semantic compatibility of grammatically adjacent words”.）（Hartmann and James，2000：22）

（2）搭配是一些语言学家，特别是弗斯学派的语言学家在词汇学领域使用的一个术语，它指词汇单位的习惯性共现。（Collocation is “a term used in lexicology by some (especially Firthian) linguists to refer to the habitual co-occurrence of individual lexical items”.）（Crystal，2008：86）

（3）搭配是具有统计意义的词汇共现。（Collocation is the statistical tendency of words to co-occur.）（Hunston，2006：12）

（4）两个或两个以上的词在文本中很短距离内的共现。（Collocation is the occurrence of two or more words within a short space of each other in a text.）（Sinclair，1991：170）

上面哈特曼和詹姆斯的定义认为搭配是相邻词之间的语义兼容关系，其他几个定义强调词语的共现，而没有将搭配局限于相邻词之间；汉斯顿的定义没有提及搭配的语义关系，搭配的界定完全依赖统计数值。

根据上面的定义，搭配可以划分为5种类型，其中前4种与“短语”的研究范围一致：

（1）固定词组；

（2）（毗邻）准固定词组；

（3）半自由词组；

（4）非毗邻准固定结构；

（5）其他共现频率高的词语串。

“于我们”、“的学校”、of the、this book、the man属于第5种类型。斯科特（Scott，2010：121）将这类搭配称为“毗邻搭配”（neighbourhood collocate; horizon collocate），由于它们在语料库中的共现频率高，检索软件也会将其识别为搭配。与半自由词组不同的是，此类搭配只有一个实义词，或者没有实义词，词语间的显性共现仅因冠词、指示词等的高频性所致。下表显示了上述定义所界定的不同搭配类型：

**表2-1　搭配的定义与类型**

| | 类型一 | 类型二 | 类型三 | 类型四 | 类型五 |
|---|---|---|---|---|---|
| 定义一 | √ | √ | √ | × | × |
| 定义二 | √ | √ | √ | ? | ? |
| 定义三 | √ | √ | √ | ? | √ |
| 定义四 | √ | √ | √ | √ | √ |

注：√表示符合；× 表示不符合；？表示不确定

上述定义给我们呈现了搭配研究对象相对混乱的一面，搭配可以仅指固定结构，也可以包括所有具有共现关系的词语组合，而不论其组合是否具有独立的语义。西普曼（Siepmann，2005：409）认为搭配不仅包含类联接，也包括短语。此时，搭配具有了无所不包的性质。

#### 2.2.3.2 短语与搭配的关系

辛克莱对搭配的定义涵盖面最为广泛，从他对 back 的搭配个案研究中（Sinclair，1991：116–121）可以看出，搭配的研究范围已经完全覆盖了短语。但是，短语学并没有使用 collocation 来界定自己的研究对象，而是选用了 phraseological unit、multi-word unit（MWU）、word-combination、phrasal lexeme（Cowie，1998：1）等术语。

与搭配不同的是，短语不包括由单纯高频而被识别出的词汇共现，第 5 种类型的所谓搭配不是短语研究的对象。与搭配相比，短语强调语义的完整性，过滤了大量的“伪短语”，使短语学研究更贴近语言使用。在本书中，我们使用“短语”来统称具有独立语义和统计意义的词汇共现，但我们继续使用搭配义或搭配语义来指由搭配词相互吸引或共现所带来的短语字面义之外的增量语义。

### 2.2.4 短语学的发展史

短语学研究可以分为前语料库时代和语料库时代两个阶段。虽然西方语言学界、词典学界对短语的关注由来已久，但在前语料库时代，学界对短语的重视却远远不够，研究也是零星的、不系统的。辛克莱（Sinclair，2008: xv–xvi）认为西方学术界对短语研究的忽视主要有两个原因：(1) 短语学不区分语法和词汇（或语义），这与传统的语言学研究理论不一致，因此短语学无法在传统的语言学研究框架内找到自己的位置；(2) 短语学将组合关系置于聚合关系之上，这也与大多数的语法研究相悖。语料库语言学开创了短语学研究的全新阶段。语料库语言学视真实语料为语言研究的素材，检索工具大大方便了短语的研究，频率统计为短语的界定提供了新方法。

#### 2.2.4.1前语料库时代

从日内瓦学派（Geneva School）的法国语言学家查尔斯·巴利（Charles Bally）在其著作中提出 locutions phraseologiques（短语）之

后，对短语的研究便逐渐拉开了帷幕（Bally，1951）。短语的研究始于前苏联，从 20 世纪 30 年代起，前苏联的词汇学和词典学领域就开始讨论短语学，不久以后，东欧的学者也开始了短语学的研究。西方学者最早注意到短语学的是魏因赖希（Weinreich，1969），此后阿诺德（Arnold，1973）和利普卡（Lipka，1991）也涉及了相关研究。上世纪 80 年代以来，短语学的研究扩大到了词汇语义学、词汇学、语言教学等领域，例如克鲁斯（Cruse，1986）在词汇语义学领域的研究，卡特（Carter，1987）和利普卡（Lipka，1991）在词汇学领域的研究，以及卡特和麦卡锡（Carter and McCarthy，1988）在语言教学领域的研究等。

但在这个阶段，短语研究往往依附于某个语言研究领域，不仅没有形成自己独立的理论和方法，而且没有一个相对统一的名称。下表是不同学者赋予"短语"的称谓（Cowie，1998：5）：

**表 2–2　短语的不同称谓**

| 作者 | 常类 | 句子类单位 | 字词类单位 |
|---|---|---|---|
| 谢什瓦（Cheuisheva，1964） | phraseological unit | phraseological expression | / |
| 兹古斯塔（Zgusta，1971） | set combination | set group | / |
| 梅尔库（Mel'čuk，1988） | phraseme, or set phrase | pragimatic phraseme, or | semantic phraseme |
| 格莱泽（Gläser，1998） | phraseological unit | pragmateme proposition | nomination |
| 考伊（Cowie，1998） | word-combination | functional expression | composite |
| 豪沃思（Howarth，1996） | word-combination | functional expression | composite unit |

### 2.2.4.2 语料库时代

1991 年，辛克莱提出了"习语原则"（idiom principle），他认为语言使用者造句时遵循的是一套短语规则，他们的头脑中储存着大量的半加工、预处理过的短语（semi-preconstructed phrase），虽然这些短语还可以进一步切分，但它们却是造句的单位（Sinclair，1991：110）。辛克莱的论述对短语学研究产生了深远的影响，在语料库语言学、心理语言学、认知语言学及其他相关领域，人们开始了对“语块”、“多词单位”（multi-word unit, 简称为 MWU)、“词汇启动”（lexical priming）等与短语学相关的研究。今天，短语学的研究已不仅局限于语言学研究领域，它也成为了自然语言处理领域的一个热点。对语料库词典学来说，短语学是其理论源泉之一，理论和实践的许多热点都围绕短语展开。多词单位对于词典的意义得到了词典学家们广泛认可，考伊（Cowie，1998：20）认为将来的词典将会使用更多的篇幅收集处理搭配、成语以及程式化的词汇单位。

1998年，第一部全面论述短语学的著作《短语学：理论、分析与应用》（*Phraseology: Theory, Analysis, and Applications*）由牛津大学出版社出版。

2005 年 10 月，来自世界各地的 170 位学者聚集比利时新鲁汶（Louvain-la-Neuve）就短语学的研究展开研讨。会议肯定了语料库语言学对短语学的贡献，会后出版的 3 本文集有力推动了短语学研究在世界各地的发展。

正如格朗热和默尼耶（Granger and Meunier，2008：xviiii）所言的那样，今天，短语学正日益成为众多学科领域的研究中心，不管是传统的语言教学，还是前沿的自然语言处理领域都是短语学的舞台。

### 2.2.5 短语的识别方法

如前文（2.2.4）所述，短语曾有不同的英文名称，今天，短语虽然仍有许多称谓[③]，但在英语文献中，其名称逐渐趋于统一。学者不仅使用 phraseology 来指短语学或短语研究，而且也多用其来指短语。

对短语的识别通常有两种方法：基于语感的语义识别法和基于语料的统计识别法。语义识别的方法认为短语是相对固定的意义单位（unit of meaning），如 kick the bucket、look forward to、in spite of、a piece of、

③　斯塔布斯（Stubbs，2001）使用的术语是extended lexical unit；辛克莱（Sinclair，2004）使用的术语是phraseological item；格里斯（Gries，2008）使用的术语是phraseologism。在自然语言处理领域，“短语”对应的英文术语是multi-word expression（MWE）。

after a moment 等。但语义识别法依赖于个体的语感，具有主观性；同时，“意义单位”不仅难以准确定义，完全依照“意义单位”这一抽象的说法在界定短语时易产生混乱。

基于统计的识别法依据语料检索数据，设定词语跨距（word span）或 n 元（n-gram）和频数阈值（threshold frequency）（比如共现次数为 10 次），所有大于该值的词（汇）序列（word sequence）即被视为短语。语料统计的方法今天较为流行，基于该方法的研究拓展了短语学的研究领域，更新了人们对短语的认识，如勒努夫和辛克莱（Renouf and Sinclair, 1991）提出的“搭配框架”（collocational framework）引起了学者们对诸如 [a N of] 和 [be Adj to] 这些框架结构的注意。但是，统计识别法由于统计方法过于简单，往往会识别出大量非短语的词汇序列，如 is a、in spite、after a few 等等。统计识别法的基础是词语共现次数，但共现次数的阈值是多少还没有科学的测定，统计噪音的问题仍未得到解决，还没有有效的统计噪音控制方法。汉斯顿 在文章中讨论过 after a moment、after a few moments 和 after a few moments of 的频率问题，他说我们无法回答“3 词、4 词和 5 词语串需要多少次共现才能判定为短语”这一问题（Hunston, 2006：147）。

格里斯采取的是折中的方案，他将上述两种方法结合了起来，提出了短语的 6 个参数（Gries, 2008：4）：

（1）组成短语的成分；

（2）组成短语成分的数量；

（3）词序列的共现次数；

（4）跨距或 n 元（最大许可值为 5）；

（5）组成成分的词法和句法稳定性；

（6）词序列的语义完整性。

根据以上参数，下面对英文词序列 run amok 进行分析识别。

（1）组成成分：词（不是“字”，这一点对某些语言，如汉语尤为重要）；

（2）组成成分的数量：2；

（3）词序列的共现次数：共现次数大于期待次数（在 BNC 国际版中进行检索，run 和 amok 的出现次数分别是 38 088 和 43 次，总句数为 6 051 206，理论共现频数为 0.27，但实际共现频数为 40.3。）；

（4）跨距或 n 元：相邻出现；

（5）词法和句法稳定性：高度稳定，amok 总是在 run 之后出现；

（6）语义完整性：run amok 具有语义完整性。

依据以上分析，可以判断 run amok 是短语中的两词固定词组（2-word fixed expression）。

格里斯的识别方法较好地融合了统计方法和语义方法，同时也具有可操作性。根据这一识别方法，in spite of 是短语，in spite 不是；"打扑克"是短语，"打扑"不是，"扑克"也不是。与英语不同，汉语有字和词的区分，"扑"和"克"虽然相邻而现，结构稳定，具有语义完整性，但"扑克"只是一个词，是由两个字构成的词，而不是短语。

虽然格里斯的识别法解决了短语识别的部分难题，但由于判断的过程需要进行语义分析，因此制约了短语识别的自动化。如何有效结合语义和频率来识别短语，如何提升短语识别的自动化程度，如何提高识别效率是短语识别目前面临的主要挑战。

### 2.2.6 对词典学的启示

基于语料库的短语学研究已有二十多年的历史，在此之前，语言学家对短语的研究主要集中在成语等固定结构方面，在词典学领域，词典理论家和编纂者也主要关注相对较为固化的表达。（Gries，2008：3）

短语学的研究近年来在理论方面有较大的发展，从实际运用方面看，短语学对语言习得、语言教学和自然语言处理等领域都产生了影响。在词典学领域，辛克莱将语料驱动词汇模式视为短语学的主要研究内容。（Moon，2008：243–254）

短语学研究在国外已受到了词典学界的广泛关注。在我国，卫乃兴（2008）是对短语学进行研究的第一批学者。但是，从出版的汉语词汇学与辞书学论著来看，短语学的研究还没有引起汉语词汇学和辞书学领域学者们的足够重视，对短语的研究还限于熟语。（周荐，2007；苏宝荣，2008；符淮青，2009）

短语并不是词汇的最小语义单位，短语由词构成。那么，为什么语料库词典学还要研究短语呢？

要回答这个问题，我们首先需要考察词义和短语义之间的关系。

"绿"是一种颜色，"椅子"是一种可以坐的家具，"绿椅子"是某种颜色的、可以坐的家具。短语"绿椅子"的意义可以从构成它的两个词，"绿"和"椅子"推导出来，也就是说，"绿椅子"的意义是"绿"和"椅子"意义相加的结果。但是很多情况下，短语的意义却不是其构成词语词义的简单相加。研究发现，词语组合成短语后，意义常常会发生变化，主要有下面的几种情况：

第一，产生了新义。有些词组合成短语后，不仅有基础的字面义，还会产生其它义。如：

深浅 ①深浅的程度（字面义）②分寸（比喻义）

新雨 ①刚下的雨；新春的雨（字面义）②新朋友（比喻义）

心田 ①人的内心（字面义）②用心（方言义）

新闻纸 ①印新闻用的纸（字面义）②报纸（其他义）

读书 ①看着书本，出声地或不出声地读（字面义）②学习功课（其他义）③上学（其他义）④刊物名称（其他义）

有些短语所表示的本义（字面义）之外的新义由于使用频率大大超过了本义，新义凸显而使本义淡化，如"我不是来干活的，我是来打酱油的。"中的"打酱油"，"女儿是妈妈的小棉袄。"中的"小棉袄"等。

第二,形成了与字面义不相干的词义。这主要见于成语等固化了的表达法,由于语言的发展等多种原因,短语的本义已不再使用或无从查考,如 cat's paw、King's weather、fellow traveller、lame duck、dog days、off the crust、on the cuff、when it comes to the crunch。

第三,词汇互动产生了隐含语义。组成短语的词汇之间具有互动关系,由于习惯性的相互依附,搭配词赋予了节点词(中心词)某种或贬或褒的隐含语义,如语义韵、语义偏好等。第六章的"搭配语义研究"将对此进行详细论述。

从语义上看,短语是比词更大的语言构建单位,虽然短语不是最小的意义单位,还可以进一步分割为词,但短语的意义常常不是其构成语词意义的简单相加,因此词义研究不能替代短语义的研究。

对词典学来说,不仅需要研究熟语,也要讨论其他类型的短语。此外,以下两个方面也显示了短语研究的必要性。

其一,我们不能完全通过语感来判断某些短语是否正确,通过推理来组词造句常会导致搭配错误。对于二语学习者来说,情况更是如此。在英语里, on the table 和 on the river 是常见的短语,但 on the tree 呢?这个短语能否表示"在树上"这个概念?我们说"建成铁路"、"建成工业园",但我们能不能说"建成运河"? "洋溢着一派欣欣向荣的景象"是合法的短语吗?为了语言的理解和表达,词典学的理论和实践都不能忽视类似的短语。

其二,对于双语词典(汉英词典)来说,如果词典编纂目的是语言编码,即词典类型为内向型双语词典,那么许多对于单语词典或外向型词典来说不具有立目意义的短语却有着不一般的意义。

"主动提出"、"学士帽"、"首席小提琴手"和"精神压力"等对于单语词典或外向型词典来说是不必要立目的,作为内词条也不是必需的,但如果内向型词典在收录时有所遗漏,使用者多数情况下不会使用对等的释译词，而在查词典无果的情况下会被迫采用解释性释义（paraphrase）来进行翻译。使用解释性释义不仅增加了翻译的难度，同时还会造成译文冗长、不地道甚至错误。下面的句子及译文来自于语料库，很多时候，经验不足的译者难以提供如此地道的翻译。

（1）单亲身份本身引起的**精神压力**以及感情支柱的缺失，均应是不可低估的因素。The **stress** of lone parenthood itself and the lack of emotional support should not be underestimated.

（2）他**主动提出**教授门多萨，而年少的门多萨一学就会。He **offered** to train Mendoza and his young pupil was quick to learn.

（3）当前，世界上各主要国家都在加紧军队**现代化建设**。Presently, major countries in the world are all speeding up military **modernization**.

由于大多数汉英词典没有"精神压力"、"主动提出"、"现代化建设"这些词目，译者在翻译上述句子时很容易出现翻译不当或翻译错误等问题。对于自由词组"精神压力"，多数人会使用 mental/spiritual pressure 而不是 stress 来对译。由于汉英词典使用了 put forward、raise、set (forth) 等来释义"提出"，使用者会受词典的影响，选择其中的一个来进行语言的编码，由于担心翻译时的不对等，还会给"主动提出"加上 actively。由于汉英词典列出了"现代化"和"建设"作为词目，没有列出"现代化建设"，译者在翻译"现代化建设"时会很自然地使用 modernization construction，而都不知道 construction 是多余的。

短语可以是两个词构成的词组，也可以是多个词构成的分句，如 when it comes to the crunch 等。由于短语是比词更大的语言构建单位，因此它在语言的解码和编码中有更高的效率。从语言习得的第一天开始，语言习得者，不论是母语的还是非母语的，就将各种短语储存到头脑中，它们会在语言的理解和表达时被调用。我们掌握短语的多寡直接影响我们对语言的理解和使用。

短语学的研究表明在自然语言中，词不是孤立的，词常常通过搭配显示其具体词义，不论是辛克莱（Sinclair，1991）的“习语原则”（idiom principle），还是雷（Wray，2002）的“程式语言”（formulaic language），抑或霍伊（Hoey，2005）的“词汇启动”（lexical priming），都强调了短语在语言的理解和生成中的作用。

短语学的研究丰富了传统语言学中短语的内涵，使词典学家重新考量与词典立目、内词条、配例、搭配等相关的问题。

徐庆凯先生在《专科词典立目鉴戒——兼评〈人文新词典〉》（2000：119）一文中指出：“词目是供人查阅的，因此必须是约定俗成的词（包括语素、词缀）、固定词组或某些定型的短句，为读者所目见耳闻而有可能求教于词典的。这就是词目的本质属性。凡不具备这种本质属性的语言单位，都不成其为词目。常见的是把自由词组列为词目。”

但是，有些短语虽然还没有固化到约定俗成的程度，由于其共现频率很高，对其立目不仅有利于查考，还可以提升词典解码或编码的价值和效率。这一点对机器词典和双语词典尤为重要。由于我们主要是通过短语理解和生成语言的，词典的立目和内词条不仅要收录传统的固定词组，也要收录准固定词组和半自由词组，如汉语的“打牌”、“打篮球”、“打开水”、“打开话匣子”，英语的 run a program、press a key、bitter cold、intense heat、from afar、ups and downs、without exception、merger waves、riding accident、at walking pace 等。

对于外向型词典来说，高频短语的立目能提高词典的解码能力。对于机器词典来说，收录高频短语能提升机器的理解能力。对于内向型双语词典来说，高频短语，甚至某些自由词组对语言编码都很有价值。短语收录的质量与词典生成能力直接相关。使用者无法从“扣”的释义“smash or spike (a ball)”推导出“扣球”、“扣球出界”、“扣球得分”的英文表达。短语的语言生成能力此时远大于词目释义。因此，我们需要根据内向型词典服务对象的特点，从译者所需以及利于语言编码等角度出发来进行立目、选择内词条和配例。

语块是短语的一种形式，它是介于词和句之间的语言单位。语块的各字词间有很强的附着性，通常作为一个整体在语言交际中使用。例如在“中国奉行独立自主的和平外交政策”这句话中，“独立自主的和平外交政策”就是一个语块，因为这里的“独立自主”不是简单的修饰语，而是与“和平外交政策”附着在一起使用的。语块的附着性导致了它意义的独立性。对于词典编纂来说，语块也应该作为词条或者内词条来处理。

辛克莱认为词典不应该是按字母顺序简单排列的词目及其释义（单语解释或外语翻译）的工具书，词典应该采用不同于传统的全新模式，即将词义置于短语内和短语间的关系上来进行考察。（Moon，2008：243）

短语学与语料库词典学有良好的互动关系，语料库为短语学研究提供了便利和保障。词典是关于语言理解（比如外向型词典）和语言生成（比如内向型词典）的工具书，短语学将会成为词典学的主要研究领域。语料库与短语学的结合势必推动语料库词典学的发展。考伊说：“如果未来的词典对搭配、成语和程式化结构的收录比例大大超过了以往的词典，我们对此一点也不惊讶。”（Cowie，1998：20）

## 2.3 搭配的统计识别研究

目前的词汇共现统计研究主要集中在搭配研究领域，由于搭配从广义上包含了短语，所以搭配统计识别研究可以直接为短语识别服务。

搭配的识别分为人工识别和自动识别，自动识别主要利用相关统计值来进行。为了让计算机能自动识别搭配，需要对构成搭配的参数进行量化。根据上一节对搭配的定义我们可以推理出与搭配相关的主要参数：语料库总字数、命中索引行（concordance line）数量、节点词（node）频率、搭配词（collocate）频率、共现频率、跨距（span）等。

最简单的判断搭配的方法就是依据节点词和搭配词在一定跨距内

的共现次数，WordSmith 将共现次数阈值设为 5，即在设定跨距内如果某个词与节点词的共现次数达到 5 次或以上即为搭配。图 2-3 是在兰卡斯特-奥斯陆 / 卑尔根语料库（Lancaster-Oslo/Bergen Corpus，简称为 LOB 语料库）中，WordSmith 识别的与节点词 problem 相关的搭配词：

| N | WORD | TOTAL | LEFT | RIGHT | L5 | L4 | L3 | L2 | L1 | * | R1 | R2 | R3 | R4 | R5 |
|---|---|---|---|---|---|---|---|---|---|---|---|---|---|---|---|
| 1 | PROBLEM | 250 | 4 | 1 | 1 | 1 | 0 | 0 | 2 | 245 | 0 | 0 | 0 | 1 | 0 |
| 2 | THE | 240 | 171 | 69 | 9 | 17 | 20 | 37 | 88 | 0 | 2 | 17 | 13 | 19 | 18 |
| 3 | THIS | 39 | 31 | 8 | 4 | 3 | 6 | 1 | 17 | 0 | 0 | 6 | 1 | 1 | 0 |
| 4 | AND | 35 | 13 | 22 | 5 | 2 | 2 | 4 | 0 | 0 | 1 | 3 | 7 | 4 | 7 |
| 5 | THAT | 28 | 14 | 14 | 2 | 3 | 3 | 6 | 0 | 0 | 1 | 3 | 1 | 5 | 4 |
| 6 | WITH | 20 | 12 | 8 | 3 | 2 | 0 | 7 | 0 | 0 | 3 | 0 | 2 | 0 | 3 |
| 7 | WAS | 18 | 9 | 9 | 1 | 0 | 4 | 4 | 0 | 0 | 3 | 1 | 0 | 3 | 2 |
| 8 | FOR | 17 | 2 | 15 | 0 | 0 | 1 | 1 | 0 | 0 | 6 | 5 | 1 | 1 | 2 |
| 9 | THERE | 16 | 8 | 8 | 2 | 2 | 4 | 0 | 0 | 0 | 0 | 3 | 0 | 2 | 3 |
| 10 | BUT | 14 | 7 | 7 | 4 | 1 | 1 | 1 | 0 | 0 | 2 | 2 | 0 | 2 | 1 |
| 11 | SOLUTION | 12 | 12 | 0 | 1 | 5 | 6 | 0 | 0 | 0 | 0 | 0 | 0 | 0 | 0 |
| 12 | NOT | 11 | 4 | 7 | 1 | 2 | 0 | 1 | 0 | 0 | 0 | 5 | 0 | 1 | 1 |
| 13 | HAD | 10 | 7 | 3 | 1 | 3 | 1 | 2 | 0 | 0 | 1 | 1 | 0 | 1 | 0 |
| 14 | HAS | 9 | 4 | 5 | 1 | 2 | 1 | 0 | 0 | 0 | 3 | 0 | 0 | 1 | 1 |
| 15 | ONE | 9 | 5 | 4 | 1 | 1 | 0 | 1 | 2 | 0 | 0 | 1 | 2 | 1 | 0 |
| 16 | WHICH | 8 | 0 | 8 | 0 | 0 | 0 | 0 | 0 | 0 | 5 | 0 | 0 | 2 | 1 |
| 17 | ALL | 7 | 2 | 5 | 1 | 1 | 0 | 0 | 0 | 0 | 0 | 2 | 2 | 0 | 1 |
| 18 | HOW | 7 | 1 | 6 | 0 | 0 | 0 | 1 | 0 | 0 | 0 | 2 | 2 | 1 | 1 |
| 19 | WHOLE | 7 | 6 | 1 | 0 | 0 | 0 | 1 | 5 | 0 | 0 | 0 | 1 | 0 | 0 |
| 20 | DOES | 6 | 1 | 5 | 0 | 0 | 1 | 0 | 0 | 0 | 2 | 0 | 2 | 0 | 1 |
| 21 | HIS | 6 | 2 | 4 | 0 | 0 | 0 | 0 | 2 | 0 | 0 | 0 | 1 | 2 | 1 |
| 22 | HOUSING | 6 | 6 | 0 | 0 | 0 | 3 | 0 | 3 | 0 | 0 | 0 | 0 | 0 | 0 |
| 23 | MUST | 6 | 2 | 4 | 0 | 2 | 0 | 0 | 0 | 0 | 2 | 0 | 0 | 1 | 1 |
| 24 | OUT | 6 | 1 | 5 | 0 | 0 | 1 | 0 | 0 | 0 | 1 | 0 | 2 | 1 | 1 |
| 25 | SOLVED | 6 | 4 | 2 | 0 | 1 | 0 | 3 | 0 | 0 | 0 | 1 | 1 | 0 | 0 |
| 26 | WHAT | 6 | 1 | 5 | 1 | 0 | 0 | 0 | 0 | 0 | 0 | 4 | 0 | 0 | 1 |
| 27 | WILL | 6 | 3 | 3 | 1 | 1 | 1 | 0 | 0 | 0 | 1 | 0 | 1 | 1 | 0 |
| 28 | BEEN | 5 | 1 | 4 | 0 | 0 | 1 | 0 | 0 | 0 | 1 | 2 | 0 | 0 | 1 |
| 29 | FROM | 5 | 1 | 4 | 1 | 0 | 0 | 0 | 0 | 0 | 1 | 0 | 2 | 1 | 0 |
| 30 | MORE | 5 | 3 | 2 | 0 | 1 | 1 | 0 | 1 | 0 | 0 | 0 | 0 | 1 | 1 |
| 31 | NEW | 5 | 2 | 3 | 0 | 1 | 0 | 0 | 1 | 0 | 0 | 0 | 1 | 2 | 0 |
| 32 | PARTICULAR | 5 | 5 | 0 | 0 | 0 | 2 | 0 | 3 | 0 | 0 | 0 | 0 | 0 | 0 |
| 33 | POLITICAL | 5 | 3 | 2 | 1 | 0 | 1 | 0 | 1 | 0 | 0 | 1 | 1 | 0 | 0 |
| 34 | SOLVE | 5 | 4 | 1 | 1 | 0 | 0 | 3 | 0 | 0 | 0 | 0 | 0 | 1 | 0 |
| 35 | SUCH | 5 | 2 | 3 | 1 | 0 | 0 | 1 | 0 | 0 | 0 | 1 | 0 | 2 | 0 |

**图 2-3　WordSmith 显示的 LOB 语料库中节点词 problem 的搭配词**

可以看出，WordSmith 所列的节点词与搭配词构成的短语大多数属于上文所说的第五类，如 the problem、this problem、and problem、but problem 等。它们并不是我们所要考察的短语，突出的共现频数只是由于 the、and、this 等词汇在语言中的超高频使用所致。为了克服简单频数这一缺点，语言学家从统计学的角度出发，设计出了一些有用的计算搭配度的方法。

搭配的统计测量有许多种方法，埃弗特（Evert，2004）讨论过 30 多种方法，佩西尼亚（Pecina，2005）列举的度量方法更是多达 57 种。在这些测量方法中，有三种最为流行，即 $Z$ 值（标准值）测量法、$MI$（Mutual Information）值（又称为互信息值或互信息熵）测量法和 $t$ 值测量法。

### 2.3.1 $Z$ 值测量法

$Z$ 值测量法的原理是将观察到的搭配频数与期待频数进行比较，通过方差计算出标准差，最后计算出 $Z$ 值。$Z$ 值是标准分，可以对由冠词、指示词、介词等高频词所引起的高频共现进行修正，因此，它能更好地代表搭配词对于节点词的搭配力（collocability）。一般认为 $Z$ 值大于 2 具有统计意义。

$Z$ 值的计算方法在不同的文献中稍有差异，但计算结果基本一致，下面以节点词 problem 及其搭配词 solve 为例来说明计算 $Z$ 值的步骤和公式：

（1）设跨距 $S = 5$，以节点词 problem 在 LOB 语料库中进行检索，得节点词频数 $n = 250$，小文本的词语数 $M = (2S + 1) \times n = 2750$；

（2）语料检索得到搭配词 solve 在语料库中总使用频数 $F(c) = 49$，搭配词在文本总体（$N$）中的出现频率 $P = F(c)/N$。$N = 1219492$，$P = 49/1219492 = 0.0000401$；

（3）搭配词的期待频数 $E=P \times M=0.11$；

（4）标准差 $SD = \sqrt{P \times (1 - P) \times M} = 0.3324$；

（5）$Z$ 值 $= (F(n,c) - E)/SD$，其中 $F(n,c)$ 是节点词和搭配词的共现频数，在 LOB 语料库中，solve 和 problem 的共现次数为 11，因此 $Z = (11-0.11)/0.3324 = 32.76$。

表 2–3 为设跨距为 5 时，在 LOB 语料库中与节点词 problem 相关的其他几个搭配词的 $Z$ 值。

表 2–3　problem 的搭配词的 *Z* 值

| 搭配词 | 搭配词出现总频数 $F(c)$ | 共现频数 $F(n, c)$ | *Z* 值 |
|---|---|---|---|
| present | 453 | 6 | 4.92 |
| this | 5173 | 38 | 7.73 |
| solution | 147 | 12 | 20.27 |

## 2.3.2 *MI* 值测量法

*MI* 值的概念来自于信息论，奥克斯（Oakes，1998：174）用 *MI* 值评估源语词汇和译入语词汇之间的关系。在搭配研究领域，英国伯明翰大学语言研究中心首先采用 *MI* 值计算词汇间的搭配强度。搭配词 $x$ 和 $y$ 间的互信息值描述了：

（1）$x$ 所蕴含的 $y$ 出现频数的信息量，即两个事件之间的关联度；

（2）若两个事件独立，则 $MI(x, y) \leq 0$；

（3）若两个事件相互依赖，一个出现意味着另外一个出现的概率高，则 $MI > 0$。

基于语料库的词语搭配研究中通常把 *MI* 值等于或大于 3 的词作为显著搭配词（Hunston，2006：71），*MI* 值越大说明节点词对搭配词的吸引力越大，搭配强度越高。*MI* 值的计算公式为：

$$MI = \log_2 \{F(x, y) \times N / F(x) \times F(y)\}$$

公式中的 $x$ 和 $y$ 分别代表相互共现的词，如 solve 和 problem；$F(x)$ 和 $F(y)$ 表示词 $x$ 和词 $y$ 在语料库中出现的总频数；$F(x, y)$ 表示词 $x$ 和词 $y$ 在语料库中的共现频数；$N$ 表示语料库的总词数（token）。以 problem 为例，表 2–4 是与之共现的几个搭配词的 *MI* 值：

表 2–4　problem 的搭配词的 *MI* 值

| 搭配词 | 搭配词出现总频数 $F(y)$ | 共现频数 $F(x, y)$ | *MI* 值 |
|---|---|---|---|
| solve | 49 | 11 | 10.10 |
| present | 453 | 6 | 6.01 |

续表

| 搭配词 | 搭配词出现总频数 $F(y)$ | 共现频数 $F(x, y)$ | *MI* 值 |
|---|---|---|---|
| this | 5173 | 38 | 5.16 |
| solution | 147 | 12 | 8.64 |

### 2.3.3 *t* 检验法

对搭配的 *t* 检验法采用的是单样本 *t* 检验（one-sample *t* test），其原理是比较观察到的样本均值与理论均值之间的差异。将计算所得的 *t* 值按显著度和自由度与 *t* 值分布表的临界值（*t* 分布临界值表见附录一）进行比较，如果 *t* 值大于或等于表中的临界值，则推翻零假设，即认为两个样本具有显著差异，反之，则认为样本间无显著差异。*t* 值的计算公式如下：

$$t = \frac{\bar{x} - \mu}{\sqrt{\frac{s^2}{N}}}$$

在公式中，$\bar{x}$ 是样本均值，$s^2$ 是样本方差，$N$ 是样本大小，$\mu$ 是假设的分布的均值。其中 $s^2 = \bar{x}\ (1-\bar{x})$，当 $\bar{x}$ 值很小时，$s^2 \approx \bar{x}$。对于语料库来说，样本大小即为语料库总词次数，当语料库超过 100 万词次时，即认为 $s^2 \approx \bar{x}$ 成立。

用 *t* 值计算搭配时，$\bar{x}$ 为词 *x* 和词 *y* 在语料库中的共现概率 $P(x, y)$，计算方式为：$P(x, y) = F(x, y)/N$，其中 $F(x, y)$ 为词 *x* 和词 *y* 的共现频数。$\mu$ 为词 *x* 的概率 $P(x)$ 和词 *y* 的概率 $P(y)$ 的乘积，$P(x) = F(x)/N$, $P(y) = F(y)/N$, $F(x)$ 和 $F(y)$ 分别为词 *x* 和词 *y* 在语料库中的出现频数。所以统计学上计算 *t* 值的公式在计算搭配 *t* 值时可以修改为：

$$t = \frac{P(x,y) - P(x)P(y)}{\sqrt{\frac{P(x,y)}{N}}}$$

我们还以problem为例来计算它与相关搭配词的$t$值，结果见表2-5。

**表 2-5　problem 的搭配词的 $t$ 值**

| 搭配词 | 搭配词出现总频数 $F(y)$ | 共现频数 $F(x, y)$ | $t$ 值 |
| --- | --- | --- | --- |
| solve | 49 | 11 | 3.31 |
| present | 453 | 6 | 2.41 |
| this | 5173 | 38 | 6.00 |
| solution | 147 | 12 | 3.46 |

设显度水平为 0.05，自由度为无穷大，即允许统计误差为 5%，词 $x$ 和词 $y$ 之间有 95% 的概率是搭配，此时查 $t$ 分布临界值表得数值为 1.645，也就是说当 $t$ 值大于等于 1.645 时即为具有显著差异。如果设显度水平为 0.01，那么 $t$ 值需大于等于 2.326 才表示具有显著差异。对于语料库语言研究来说，显度水平通常设为 0.05。因此，上述表格中与 problem 相关的 $t$ 值都具有显著意义，4 个节点词都与其构成搭配关系。

## 2.3.4 搭配统计方法存在的问题

如果我们将本节统计方法的结果进行对比就可以看出，3 种统计方法都不能有效剔除像 this problem 这样的“伪搭配”。$t$ 检验给出的 this problem 的搭配度最强，$Z$ 值测量计算出的 this problem 的搭配强度也大于 present (a) problem。在 3 种方法中，互信息值对搭配最具参考价值，但其是否能作为搭配统计的首选还需要进一步的验证。

目前所知的关于互信息值的一个明显缺点是低频率事件有可能获得较高的互信息值，因此对于稀疏数据，互信息值未必可信。假设在一个 100 万词次的语料库中，节点词 clone 的总频数为 10，搭配词 Dolly 的频数为 5，它们的共现频率为 3，此时的互信息值为 245。但如此高的互信息值并不能表示 Dolly 和 clone 之间具有搭配关系，高互信息值是由于它们共同出现在同一文本中造成的。

$t$ 检验可以作为互信息值的补充，以 Dolly 和 clone 为例，按照上述条件计算所得的 $t$ 值仅为 1.7。

统计测量或检验都需要节点词和搭配词的共现频数，目前的做法是设跨距为 4 或 5，但搭配关系未必都能在 5 个字（词）的跨距内体现。如：

她耐心地回答了大学生们提出的各种各样的问题。

节日的公园，洋溢着一派生机勃勃、欣欣向荣的气氛。

基于统计的搭配识别需要获得节点词、搭配词的频数以及它们的共现频数等数值，目前这些数值都依靠相关软件获得。以 WordSmith 为例，它所生成的数值往往并不可靠。从图 2–3 可以看出，present 并不在与 problem 相关的搭配词之列，solve 的频数为 5 而不是 11。造成这一缺陷的原因是 WordSmith 在统计时没有进行词形还原处理（lemmatization），在词形还原问题解决之前，此缺陷将一直存在。

## ◆ 2.4 词义的理解与重现

词是语言中可以独立使用的最小意义单位，短语、分句和句子都由词组成。虽然词语组合成短语后意义会有所变化，但除了某些与字面义不相干的固化词组之外，大多数短语的意义都是其构成词语的词义映射的结果。

从中世纪开始，人们就一直争论句子和词哪个在先的问题（陈嘉映，2010：31），由于有时候一个词并不能表示一个完整的概念或者说表达的意思不够完整，所以有人认为句子是意义的基本单位。句子和词的问题是语言哲学领域最重要的意义概念，我们在这里不必过多地讨论。但从语言学的角度看，句子总是由词构成的，除了少数特殊的句子外，句义大多数情况下也是其构成词语词义映射的结果。

首先我们肯定的是词是有独立意义的，我们常会问“这个词是什么意思？”，而且也可以得到一个明确的回答。王力（1984：57）说：“我们普遍也认词是有意义的；单词所有的意义……咱们似乎也该承认它是完整的。”

句子不能够作为意义研究的基本单位，这不仅因为绝大多数句子的意义都是词义映射的结果,还因为自然语言句子具有无限性这一特征。从理论和实践两个方面,句子都不能作为意义的基本研究单位。

词义研究是意义研究的起点,它是短语义研究的基础。短语驱动词典学的研究也是围绕词义展开的。

### 2.4.1 语料库词典学的词义研究理论基础

#### 2.4.1.1 语言哲学对意义的论述

意义被视为语言哲学的核心问题,哲学家们很早就对意义展开了研讨。早期的意义研究强调语言的图象论与指称论,而当代的意义研究集中于从符号、交际和功能角度来进行探索。

词典的核心是词汇,词义研究也就是词典学的核心研究对象。词义研究需要回答下面两个问题:词义从何而来?词义如何被理解?对于这两个问题,在语言哲学领域已有许多探索。

指称论主张一个词语的意义就是这个词语所指的对象,例如“张三”就是指那个叫“张三”的人,“莫邪”指那把叫“莫邪”的宝剑。

观念论认为一个词语的意义是它所代表的观念或意象。语词的意义要靠词语在说话者和听话者心中所引起的心理过程来解释,心理过程就是我们在使用语词时所指的事物。

使用论认为词语的意义就是词在语言中的使用。理解一个表达式就是理解它在各种语境中发挥何种作用。使用论的出现是意义理论研究中的重大进展,它标志着从静态研究转向动态研究。使用论者对语境的强调表明他们注意到语言活动与生活密切相关。

行为论是行为心理学家首先提出来的,行为论者反对用意识中的观念来说明词的意义,而力求用可观察的行为来加以说明。他们反对把主观的经验当作说明意义的基础,而强调从语言产生的效果,从语言对听话者的影响这一角度研究语言的意义。由于他们侧重于从刺激和反应的关系来探讨意义问题,因此他们的观点也称刺激-反应论。

结构论认为语言活动就如同下棋，只有通过棋子的相互关系和各自的功能才能知道每个棋子意味着什么。正如下棋要知道下棋的游戏规则，如果你知道语言的“游戏规则”，就知道了如何使用一个词，就知道了它的意义。词的意义是由该语言系统中词汇关系的总和决定的。

以上意义理论从不同的角度对词义问题进行了讨论，各自含有或多或少的合理因素，但也带有或大或小的片面性。对指称论最直接的反驳是并非每一个词都命名或指称现实的对象。观念论从心理的角度来探讨意义问题，但是仅从心理角度很难解决意义这个复杂的问题，它面临很多困难，观念本身是看不见、摸不着的，很难说明究竟什么是观念，因此观念论者所说的意义也是模糊不清的。使用论者过分强调词语的意义在于词语的使用，但词语的意义与词语的使用却不能完全等同起来，不能片面强调词语的意义在于词语的使用而否认词语本身所固有的字面意义，进而否认词语与其指称对象之间的对应关系。行为论无法解释为何不同的词语会产生相同的刺激或相同的词语会产生不同的刺激。结构论的缺点是没有从历时的角度分析词义的流变性，此外，由于词汇系统的全貌很难弄清，结构论也缺乏可操作性。

#### 2.4.1.2 语言学家对意义的分类

意义一直是语言学的主要关注对象之一，词汇学、语义学、语用学、词典学和词汇语义学等从不同的侧面对意义进行了深入的分析。在语言符号层面上，对意义的研究已经涉及从词素到篇章的各个方面。下面简述几种主要的意义分类。

**格赖斯（Grice）的分类**

格赖斯从语言的使用出发，将语言意义分为4种，即固定意义（timeless meaning）、应用固定意义（applied timeless meaning）、情景意义（occasion meaning）、说话者的情景意义（utterer's occasion meaning）（Grice，1969）。

固定意义：它是词语或句子的字面意义（literal meaning）。例如“黛绿”有2个固定意义，一个指一种颜色，另一个是“美女”之义。

应用固定意义：一个词语或句子常有多个固定意义，但在具体的语言使用中往往只有一个具体的意义，这就是应用固定意义。

情景意义：它是词句在某一特定情境中的意义。与固定意义不同，情景意义是临时的，对交际的微观语境有很高的依赖性。例如“这里很冷”在特定的情境下可以表示“请关上窗户”。“这里很冷”不是一个词组，也没有一个固定义是“请关上窗户”。“请关上窗户”就是“这里很冷”的情景意义。

说话者的情景意义：在特定的情境中，词句可能有多种情景意义，例如“这里很冷”除了表示上述语义之外，还可以表示“请穿上衣服”、“打开空调”或者“让我们到厨房去吃饭”等意思。在这些意义当中，与说话者本人的意图相关的那个意义就是说话者的情景意义。

**基泰（Kittay）的分类**

基泰根据格赖斯对意义的分类，把句子意义分为第一性意义（first-order meaning）和第二性意义（second-order meaning）两种类型。

第一性意义指的是人们听到或读到一个句子时对其中词语意义的第一反应，例如“夕阳无限好，只是近黄昏”中的“夕阳”，它的第一性意义是“傍晚的太阳”，但如果说话者谈论的是一个人，那么“夕阳”往往会表达不同的意义，这就是第二性意义。因此，第二性意义常常是一种比喻义，它是第一性意义的函项。（束定芳，2000：22）

**利奇（Leech）的分类**

利奇（1987）把意义划分为7种类型，即概念意义（conceptual meaning）、内涵意义（associated meaning）、社会意义（social meaning）、情感意义（emotive meaning）、反映意义（reflected meaning）、搭配意义

（collocative meaning）和主题意义（thematic meaning）。

概念意义：又被称为理性义，它是词语的中心意义。如“孩子”的概念意义是“未成年的人”。对于功能词来说，它的概念意义是其语法特征。

内涵意义：又被称为联想义，它是词语的附带意义。如“孩子”的内涵意义可以有“幼稚”、“天真”、“不懂事”等。

社会意义：它是反映出说话人社会背景和个人特征的意义，如方言、俚语等所表达的特殊附加意义。

情感意义：它是表达说话人感情或态度的一种附加意义。如英文里的 politician 和 statesman 表示的是相同的概念意义，但情感意义却不同。

反映意义：对于一词多义来说，其中的一种意义可能会使人联想到另外一种意义，而该意义往往可能是某种禁忌，这种意义就是反映意义。例如在某些场合，“小姐”可能会使人联想到“妓女”，因此“妓女”是“小姐”的反映意义。

搭配意义：有些词之间由于共现频率很高，它们之间的共现产生了一定的联想，这就是搭配意义。例如英语里的 pretty 常与 girl、woman、flower 等搭配，所以如果与 man 搭配，就会给人以“女性化的男人”的附加意义，这就是搭配意义。另一方面，有些词虽然概念意义相同，但有时却不能互换使用，例如 meaning 和 sense。我们可以说 a word with two meanings，也可以说 a word with two senses；但我们只能说 a man of sense，却不能说 a man of meaning，因为 meaning 和 sense 有不同的搭配意义。

主题意义：它是说话者通过对信息的组织方式，如词序、信息重点、语态等作不同处理所传达的意义。例如“主席团坐在台上”和“台上坐着主席团”的主题意义是不同的，前者是针对主席团进行叙述，“主席团”是主题，后者的主题是“台上”，侧重点是说明台上发生着什么情况。

**兹古斯塔（Zgusta）的分类**

作为词典学家，兹古斯塔（1983：29–78）更关心词义的不同表现形式，他将词义分为固定意义（stablized meaning）和具体意义（occasional meaning）两大类，其中固定意义包含词的指称意义（designation）、附加意义（connotation）和词的使用范围（range of application）。

指称意义是词与语言的使用者所设想的客观世界所指对象（denotatum）之间的关系。但是，词和事物之间的联系不是直接的，在它们之间有所指内容，这一点与奥格登（Ogden）和理查兹（Richards）所提出的语义三角相似。

附加意义是指称意义之外的，与感情色彩、风格、语言变体等相关的词义。它是词义中在基本的指称功能上附加的、具有对比含义的一切成分。

使用范围被兹古斯塔看作词义的第三个基本成分。例如汉语的“工资”和“薪水”，英语里的 stipend 和 salary 指称意义是一致的，但在使用范围上却不同。

具体意义指在上下文中出现的实际意义，它是词汇单位在实际话语中使用的具体化。在上下文中，词义会出现转义，实际词义有时会让位于词汇的比喻义，词汇单位也会在上下文中出现偶然性的用法。

**2.4.1.3 词义的组成**

语素、词、短语、句子、句群、篇章都是意义的载体，但词是最基本的载体，词义也是词典学最关心的问题。上述意义的分类虽然也包括句子等其他意义载体，但词义的分类是主要方面。

从以上分类来看，有些讨论的不是词义，如主题意义、情景意义，因它们与本书没有直接关系，这里不再赘述。格赖斯的固定意义、利奇的概念意义和兹古斯塔的指称意义基本相同，都是指词汇或句子的字面义或核心义，我们用基本概念义来称之。它是词汇的第一层意义。兹古斯塔所言的附加意义与利奇的内涵意义、社会意义、情感意义、反映意义相当，利奇的搭配意义包含了兹古斯塔所言的词的使用范围。本书将它们用陪义来统称。陪义是词汇的第二层意义。据此，我们对词义的组成图示如下：

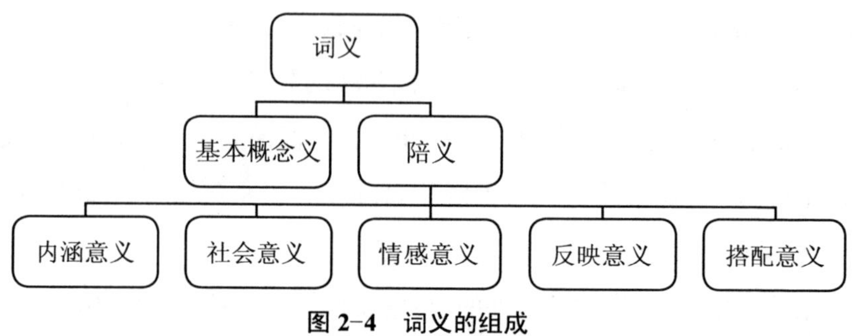


**图 2-4　词义的组成**

利奇的搭配意义指的是一个词所获得的各种联想，这些联想来自于与这个词经常共现的一些词的意义。（Leech，1987：24-25）英语词汇 pretty 和 handsome 基本概念义相似，但它们在搭配意义上却有所区别：

pretty + girl/boy/woman/flower/garden/colour/village

handsome + boy/man/car/vessel/overcoat/airliner/typewriter

利奇使用搭配意义区分同义词或近义词，搭配意义与内涵意义有相似之处，都是一种联想义。

利奇的搭配意义虽然讨论了词汇的共现，但是还有一种重要的共现关系没有被包含在内。词汇共现除了产生联想义而使一个词汇具有区别于其他词汇的联想义之外，共现关系本身就是一种意义。这种词汇共现不表示区别性特征，只表示词汇间的依附、制约或相互吸引的关系。自然语言中大多数的词语共现都具有这样的特征，这就是前文短语学讨论的内容。对于任何一种语言来说，我们可以使用词汇通过语法规则造出无限多的句子来。以“子弟”为例，因为它是名词，只要遵守语法规则就可以生成无限多的句子。如：

他的子弟众多。

你的子弟很少。

……

我教坏了他们的子弟。

张三误解了李四的子弟。

……

造句能力是乔姆斯基所说的语言能力（language competence），不论它是生来具有还是后天习得，但对于母语使用者来说，语言能力是相同的。只要知道某词汇的概念义和语法特征，母语使用者就可以通过掌握的语言规则生成正确的句子。但是使用词汇造句的能力与使用词汇表达的能力不是一回事，语言能力无法对词汇间相互制约或相互吸引的共现关系提供帮助。在语言的使用中，"子弟"不总是单独出现在语句中，很多时候都是与其他词共现，如"梨园子弟"、"膏粱子弟"、"职工子弟"、"纨袴子弟"、"误人子弟"、"拘挛子弟"、"风流子弟"、"富农子弟"、"官员子弟"等。像"拘挛子弟"、"风流子弟"、"富农子弟"、"官员子弟"这样的词语共现在语言中具有偶然性，有些是语言使用者的临时创造，如"拘挛子弟"（来自于鲁迅的《我们现在怎样做父亲》）；但是像"梨园子弟"、"膏粱子弟"、"职工子弟"、"纨袴子弟"、"误人子弟"等在语言中的共现并非出于偶然，由此种共现关系组成的词语串如同加工成型的建筑材料，在语言的理解和生成过程中起着非常重要的作用。以前的词义分类都没有重视词汇之间的共现关系，甚至连"克服困难"、make an appointment 这样的固定搭配也受到忽视。我们将词汇间相互制约或相互吸引的词汇共现关系看做词义不可或缺的组成部分，并称之为**共现搭配关系**、**搭配语义**或**搭配义**。为了区别于利奇的 collocative meaning，我们使用 collocational meaning 来翻译搭配语义或搭配义。因此，我们认为词义由三个主要部分组成，图示如下：

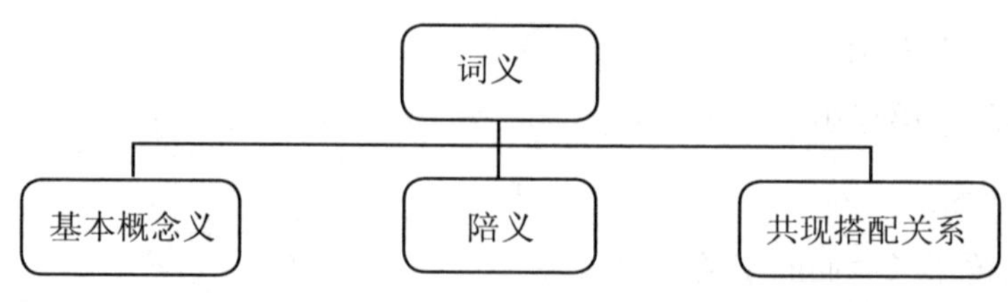


**图 2–5　词义的三个组成部分**

### 2.4.2 词义的理解

前不久电视台报道了一个支藏女教师的事迹，她讲述了教授小学生语文课的一些情况，其中最令她为难的是无法让学生明白一些词汇的涵义，如“灯火辉煌”、“车水马龙”等。我上大学时有个美国外教，一次聊天时我讲到了自己的兴趣爱好之一是围棋。围棋在英语里叫做 go，词典对其释义是：A Japanese game for two, played with counters on a board that is ruled with 19 vertical and 19 horizontal lines.（日本的一种两人棋戏，用棋子在一横竖皆有十九条交叉线的棋盘上下。）但我无论如何也不能对我的美国老师解释清楚到底什么是围棋，她也不知道英语单词 go 表示“一种游戏”。

据此可以看出，经验在词义理解中具有非常重要的作用。但经验是否对于词汇的理解是不可或缺的呢？

很多时候我们也可以理解一些新词汇，例如 muffin 是大多数中国人都不熟悉的英国食品，但如果你说 muffin 是“松饼”，那么它到底是什么就能大概被理解了，因为我们都知道“烧饼”、“煎饼”、“饼干”等食物是什么。这个例子说明，我们可以通过类比（analogy）理解新词。

山竹是一种水果，对于一个从来没有见过山竹的人来说，你如何让他理解“山竹”是什么呢？在这里，我们不能通过类比来理解词义，为了说明“山竹”的意思，我们可以简单地说：山竹是一种水果。使用归类法，通过上义词我们也可以解释词义。虽然我们不能通过上义词归类法清楚完整地解释词义，但却是最简洁、最有效的方法之一。我们可以通过图片来解释,图片解释词义是指称的一种特殊形式,也因此具有指称论的明显缺点:并非所有词都能被指称。

以上讨论的是名词,下面来看看动词、形容词、功能词等的情况。

假设我们面对的这个人不懂“踉跄”、“骁勇”、“来着”的含义,你该如何解释这些词?我们可以给“踉跄”一个定义:像醉汉那样走路就是踉跄。对于“骁勇”,我们可以使用同义词:“骁勇”同“勇敢”意思相近。“来着”是个功能词,《现代汉语词典》(2006)给的解释是“表示曾经发生过什么事情”,但这样的解释只是权宜之计,并没有说清作为功能词“来着”的语法义和使用特征。功能词的语法义是其基本概念义。对功能词来说,显示用法的搭配或例句比释义更重要。

我们可以使用定义、同义词、定义加例句等方法对动词、形容词、功能词等进行解释。在这些方法中,经验无一例外地都发挥着重要作用。解释需要经验,理解也需要经验的参加。我们需要“醉汉”和“勇敢”的经验来理解“踉跄”和“骁勇”。对于“来着”来说,如果没有实例,我们是不能理解和使用这个词汇的。

从以上的分析可以看出,词义来源于主体的经验。经验分为语言经验和非语言经验,语言经验是语言系统自身的解释力,非语言经验来源于人类成长过程中对世界的认知。我们对语法词的理解往往基于语言经验,通过类比理解新词的时候也是语言经验在起关键作用;通过感觉对“冷”的认知,通过指称对“变色龙”的认知基于的是非语言经验。对于基本概念义的理解来说,非语言经验有时起着不可或缺的作用。

以上分析的是基本概念义的理解,对陪义和共现搭配义的理解又如何呢?

陪义被称为非理性义,与基本概念义相比,具有一定的隐蔽性。例如我们使用 politician 的时候却不知道它所具有的情感意义,使用 get on his steed 时却没有觉察到 steed 与 get on 的语体冲突造成了搭配错误。

对陪义的理解主要依靠语言经验，也就是对语言的接触和使用。陪义也是词语的固有义，不具有个人色彩。

对于词语来说，它所具有的共现搭配关系也是隐藏的，需要通过语言材料来揭示。语言使用者对共现搭配关系的理解是随着语言接触的加深而逐步进行的。我们将词语的共现关系储存在大脑中，并据此建立词语的搭配义。搭配义难以通过内省来获得，它是语言经验的产物。

综上所述，我们认为词义来源于主体的经验，词义就是主体赋予词汇的经验值。the forty-third president of the United States 是 George W. Bush 的经验值，“晴朗天空的颜色”是“蓝色”的经验值，这里的经验值是词汇的基本概念义。“俚语”是 nag 的经验值，它所表示的经验值是词语的社会意义，是词汇的陪义。“子弟”与“职工”、“纨绔”等的共现关系也具有经验值，它指的是词汇的共现搭配关系。

### 2.4.3 词典重现词义的手段

既然词义是主体赋予词汇的经验值，那么重现词义就是重现词语的经验值，如用“晴朗天空的颜色”给“蓝色”赋值，用“美国第一任黑人总统”给“贝拉克·侯赛因·奥巴马”赋值。

但是，词汇的经验值却不总是能这样轻松地就能被阐释。有些词汇，如“贝拉克·侯赛因·奥巴马”、“蓝色”以及众多的科技词汇，它们的词义相对比较稳定，经验值也因此比较容易确定，我们姑且将这些词称为**惰性词**。还有一些词汇，如“打”、“老”，它们的经验值难以确定，只有在短语或句子中才能有确切的含义，我们称这类词为**活性词**。对活性词的词义赋值并不是一件容易的事，活性词经验值的重现是词典词义研究的难点也是重点。

虽然内省在词义赋值中发挥着不可或缺的作用，但面对活性词，内省常常无能为力。活性词词义不确定，搭配灵活多变，只有通过对语言使用的分析才能重现活性词的经验值。

语料库是记录语言使用的数据库。语料库词典学认为,语言规则、搭配语义都可以通过语料库来研究。从词典功能的角度看,人们查词典除了正字和正音的基本需要之外,大多数时候词典的作用是对词汇进行解释,对用法进行说明和指导。前文说过,释义有时是单薄的,搭配语义更为重要。对于双语编码词典来说,单纯的释义有时会导致错误的编码,源语搭配的研究及其在目的语的释译是比释义更为重要的内容。词义与搭配休戚相关,搭配对词义的具体化至关重要。附录二是基于平行语料库编写的词目“打”的数据,从中可以看出语料库方法在重现词汇经验值方面有着不可替代的作用。

长期以来,释义一直是词典重现词义的首要手段,也是词典学研究的重点。国内学者对词典的释义方式研究较为深入,总结出了多种释义方式。胡明扬(1982:132-137)将释义分为对释式和定义式两种。对释式包括同义词对释、词语交叉对释、反义词对释和限制性同义对释;定义式包括逻辑定义释义和说明定义释义。黄建华(2001:109-113)对释义的分类更加详细,他首先区分语法性释义和非语法性释义,然后非语法性释义又分为实质性释义和关联性释义。详情见图2-6。

虽然释义方式多种多样,但概括起来只有两种:语词对释和描述解释。双语词典的释义与单语词典并无本质区别,只不过是使用了另一种语言而已。双语词典的释义也可以简单分为两类,即对应词式和解释式。

不论是单语词典还是双语词典,不论是何种释义方式,我们认为,释义就是试图用语言重现词汇的经验值。首先我们必须承认不同的民族、不同的地域、不同的群体(职业)、不同的个体对世界某些侧面的认知不尽相同,某个具体词汇的经验值有因人而异的情况,例如有人认为“布什”是好战分子,也有人觉得他是够仗义的朋友,在他老婆眼里,他可能是个酒鬼。因此,“布什”的经验值可以描述为:

布什 = 美国前总统 + 好战分子 + 仗义的朋友 + 酒鬼

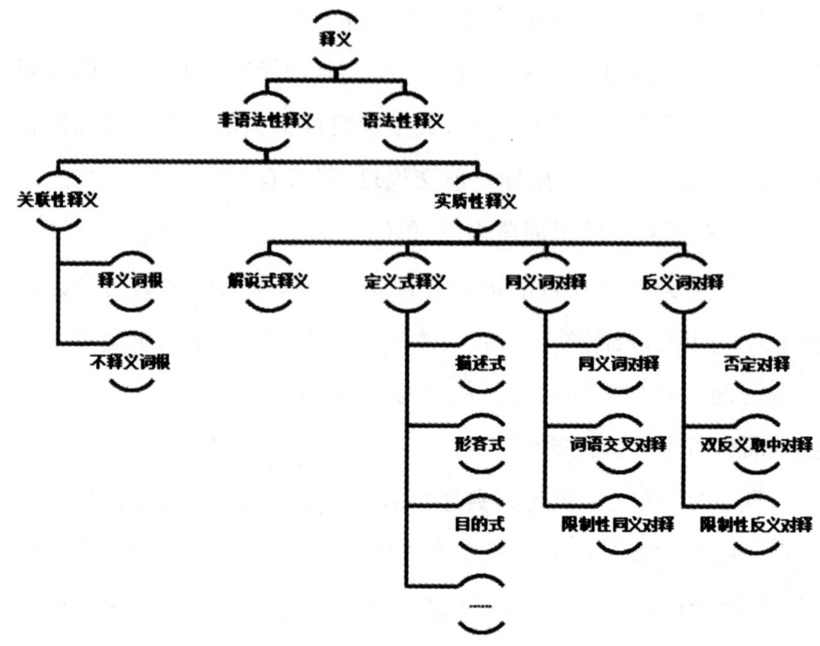


**图 2-6　词典释义方式**

如果对上面"布什"具有的经验值进行分析，我们可以发现有些经验值具有共性，即共性经验值（又称为共同经验值或核心经验值），如"美国前总统"。共性经验值与兹古斯塔（1983）的固定意义、利奇（1987）的概念意义以及格赖斯（1969）的固定意义有所不同，共性经验值不一定总是词汇的指称义或字面意义，对于某些只有比喻义，没有字面义或字面义从不在语言实践中使用的词汇（如"丰碑"、"碰壁"）来说，其共性经验值指的就是比喻义；对于某些活性词来说，共性经验值在短语中显现；对于语法功能词，共性经验值是语法特征。

个性经验值是特定人群赋予词汇的属性，如"好战分子"、"仗义的朋友"和"酒鬼"。个性经验值是选择性的，不能算作词汇的基本属性。据此，上面的表达式修改为（括号表示个性经验值，斜线表示经验值是可选的，而不是必备的）：

布什＝美国前总统（＋好战分子／＋仗义的朋友／＋酒鬼）

虽然个性经验值在特定的情况下对于理解词义也具有一定作用，但它不是词典释义的要素，词典释义需要以共性经验值为基础，换句话说，词典释义就是用语言重现词汇的共性经验值。下面是几个常用词汇的经验值分解式：

野心＝对权利的强烈愿望＋对金钱的强烈愿望（＋拼命工作／＋上进心的表现）

冷＝温度低＋令人不适（＋需要取暖）

走私＝从国外带物品入境＋非法＋秘密（＋暴富）

据此我们对上述词汇释义为：

野心：对权利、金钱的强烈愿望

冷：令人不适的低温

走私：非法、秘密地从国外带物品入境

虽然从理论上可以用重现共性经验值的方式对词汇进行释义，但实践中却远非如此简单，主要的困难就是共性经验值的确定问题，活性词共性经验值的确定尤为困难。由于活性词的词义需要在短语语境或更大的语境中才能具体化，所以词汇的经验值也包含词汇的用法特征、搭配、使用语境等。

词汇的经验值由共性经验值和个性经验值组成。共性经验值除了人脑中储存的词语的意象、原型等，还包括词语的搭配义和使用特征。在词典编写中，基本概念义主要通过释义来解决；陪义中的内涵意义、社会意义、情感意义、反映意义可通过提供语法、语域、色彩等注释的方式来处理；搭配语义也可以通过注释的方式来处理，但往往没有用蕴含搭配的例子来得直接，通过内词条或例证的方式来体现搭配义是值得推荐的方法。

词典释义只能还原词语的所指、概念义或者原型义，却难以重现词语的搭配义和使用特征。下一节将讨论释义的地位问题，以及释义信息量不足的解决方案。

### 2.4.4 短语驱动词典学

前文说过，储存于人脑中的词语的意象、原型等是词义相对稳定的部分；但词义常具有动态性，随语境而变化。词义的变化不是随心所欲的，它总是在一定的范围内进行，语言学家称之为“意义潜势”（meaning potential）。换句话说，在语言发展的某一个共时阶段，词语的意义是有限的。这是短语驱动词典学（phraseology-driven lexicography）的理论基础。

我们知道，词典是记录和描写语言的工具书，从词典的类型学角度看，不同类型的词典功能和作用不尽相同。哈特曼认为词典有7大功能（Hartmann，2006：108–109）：

（1）语言使用的指导；

（2）记录和储存词汇的仓库；

（3）提高语言交际的工具；

（4）强化和推广语言的手段；

（5）对语言进行思考的催化剂；

（6）学习外语的助手；

（7）意识形态的武器。

语文词典是最常用，也是最复杂的词典，主要目的是帮助词典用户正确理解词语，并正确而得体地使用相关词语进行话语交际。（章宜华、雍和明，2007：101）

为了达到理解词语和得体使用词语的目的，语文词典在编纂时以词目为基础，释义一直以来都处于词典编纂和研究的中心地位，词典可以没有内词条，没有例证，却不能没有释义。以下释义来自于中外的单语或双语词典：

【不】用在动补结构中间，表示不可能达到某种结果：拿～动｜做～好｜装～下｜看～出。（《现代汉语词典》，2006）

【爽利】爽快；利落：办事～｜动作～。（《现代汉语词典》，2006）

【摸】①用手接触一下（物体）或接触后轻轻移动：我～了～他的脸，觉得有点儿发烧。②用手探取：～鱼｜他在口袋里～了半天，～出一张纸条来。③试着了解；试着做：～底｜逐渐～出一套种水稻的经验来。④在黑暗中行动；在认不清的道路上行走：～到床边开亮了灯｜～了半夜才到家。（《现代汉语词典》，2006）

【net】An openwork fabric made of threads or cords that are woven or knotted together at regular intervals.（*AHD*, 2001）

【人才】qualified person; person of ability; talent（《新时代汉英词典》，2003）

【内耗】losses caused by internal strife（《新时代汉英词典》，2003）

【内秀】intelligent without seeming so（《新世纪汉英大词典》，2011）

“不”是个功能词，词典采取的是语法性释义，但“用在动补结构中间，表示不可能达到某种结果”这一表述即使对于谙熟汉语语法的人来说也难以理解。如果没有内词条和例句的支持，读者就无法通过此释义再现“不”的经验值。“爽利”通过同义词对释的方式来释义，此种释义方式并不能还原语词的经验值，在自然语言中真正的同义词很少存在，所谓的同义词释义大多数情况下是近义词释义，释义常常不恰当，有时甚至扭曲了词的意义。同义词对释还常会陷入交叉释义的困局。“摸”的释义很显然是对用法的总结，这一点从词典所提供的内词条和例句就可以看出。英语词 net 的释义是描述性的定义式释义，定义式释义不仅常常会坠入晦涩的泥潭，而且也难以涵括所指的各种对象。“人才”的释义采用了对应词和解释相结合的方式；“内耗”、“内秀”由于词典编者一时没有找到对应词，只好采取了解释性释义。对于内向型的编码词典来说，解释性释义的意义不大。虽然对应词释义是双语词典释义的追求目标，但单纯的对应词，特别是活性词的对应词，往往与源语的经验值不对应，这也是双语词典在语言生成时误导词典使用者的主要原因。

如果将词目“不”和“摸”的内词条和例句删除，我们会更加清楚地看到释义令人费解的一面：

【不】用在动补结构中间，表示不可能达到某种结果。

【摸】①用手接触一下（物体）或接触后轻轻移动 ②用手探取 ③试着了解；试着做 ④在黑暗中行动；在认不清的道路上行走。

但如果删除释义，保留内词条和例句会是怎样呢？

【不】拿～动 | 做～好 | 装～下 | 看～出。

【摸】①我～了～他的脸，觉得有点儿发烧。②～鱼 | 他在口袋里～了半天，～出一张纸条来。③～底 | 逐渐～出一套种水稻的经验来。④～到床边开亮了灯 | ～了半夜才到家。

可以看出，与晦涩的释义相比，内词条和例句满足了解释词汇的功能，对这两个词目来说，释义是可有可无的。在再现经验值的过程中，例句比释义更具价值。

综上所述，释义常有以下缺陷：效率低下，艰涩难懂，有时只是填充了词典释义的位置。有些释义并无实际意义，其实是词典的冗余信息。

以上的例子并非极端的个例，以《现代汉语词典》（2006）为例，类似的例子占了很大比例。例如“高”及其相关短语：

【高】从下向上距离大；离地面远：～楼大厦 | 这里地势很～。

【高超】好得超过一般水平：见解～ | 技术～。

【高发】属性词。（疾病、事故等）发生频率高的：胃癌～地区 | 交通事故～地段。

对以上词目来说，如果没有内词条和例句的支持，释义并不能完成解释和说明的作用。在该词典的同一页，“高矮”、“高昂”、“高等”、“高档”

等的释义也都无咎无誉。这些例子进一步证明了释义的缺陷，它不仅无法重现语词的陪义，就连语词的概念义有时也难以解释清楚。

释义的天然缺陷一直没有受到足够的重视，释义长期以来被视为词典的核心。但释义的缺陷有时是不能视而不见的，为了弥补释义的不足，理应发挥内词条和例句的辅助释义功能。

过去的研究在释义理论和释义方式上花费了大量的时间，但实践证明，试图通过某种模型解决释义所面临的问题是难以做到的，释义本身难以还原词汇的经验值。经验值存在于语言使用中，释义只是部分经验值的浓缩，如词的本义、原型义、科学定义等。不论何种释义方式，释义时我们都是将对词语的认知通过言简意赅的方式重新表述。我们不能用概念化的释义来规定经验，因为先有经验，然后才有释义。经验来自于对词汇的认知过程，这种认知过程是在语言的使用中进行的。通过接触语言，使用语言，我们才能不断丰富和校正我们头脑中词汇的经验值，直至获得与大多数母语使用者所共享的经验值。换句话说，词汇的经验值是语言使用者在接触和使用语言时所获得的语言刺激。因此，词典学应该从对语言使用的研究开始，以语言使用为核心。词典研究首先要对语言材料进行观察、分析和总结，释义需要在此基础上进行。

语料库是记录语言使用的仓库，从理论上说，科学的、符合抽样原则的语料库是话语全域的代表，词汇的经验值就蕴藏在其中。

根据弗斯的“情境上下文”概念，言外语境对词义也有影响（王建华，2002：7-8），如“冷”可以在不同的情境下表示“穿衣”、“关窗”、“开暖气”等意思。在人工智能的研究领域，研究人员发现词汇意义具有语境性（contextuality）、历史性（historicity）和索引性（indexicality）的特征，这三大特征造成了词义的不确定性（Winograd and Flores，1986）。

“情境上下文”或者“情境义”以及“词义的不确定性”等观点夸大了词义的动态性，忽视了词义的静态性。陈嘉映（2010：339）认为：“所谓语境学中讨论的多数问题，以传统的方式来探讨更为简捷，从语言现象入手往往徒增混乱而已。”“语境主义的主要疑点在于：尽管‘下雨了’可能意味种种不同的事物，但这话似乎仍有一个字面意思，那就是‘下雨了’。”对于词典学来说，情境义不是研究的对象，词典关心的是词汇的字面义以及字面义在言内语境中的变化。在本书中，如果不加特别说明，语境都指言内语境。

根据以上观点，篇章和段落对词义的影响不应该是词典学的研究领域，字词是词典的立目对象，它们是词语经验值的主体，却不是经验值的来源。句子和短语才是词语经验值的载体。例如以下短语和句子记录了“打”一词的经验值：

打架　打仗

打手心　打屁股

打开水　打酒　打酱油

昨天，他挨了一顿打。

他打门缝里往外看。

风流总在雨打风吹去。

虽然说句子也是词语经验值的载体，但如果我们将句中包含的相关短语提取出来，大多数情况下不会造成该词语经验值的流失。“挨了一顿打”、“打门缝里看”、“雨打风吹去”所示关键词的经验值与句子相当。

因此，我们认为词典学未来的研究重点应该从释义转向与短语相关的研究上。由于释义无法再现词汇的使用义，为了再现经验值，短语通常是不可或缺的。短语是词汇经验值的依附对象，通过对短语的分析可以还原词汇的经验值。词汇认知从短语开始，词典应该以短语为核心，自下而上的方法是词典学研究和词典编纂的基本方法。收录、分析和诠释短语是词典编纂研究的第一要务，释义要在对短语的认知基础上进行。

短语驱动词典学的词义认知过程是：语料→短语→释义。在这一认知过程中，短语处于中心地位，因为它既包含了语言使用信息，也是释义的基础。我们以上文的词目“摸”为例来演示词义的认知过程（以词典原文为基础，不添加语料）：

①语料：我摸了摸他的脸，觉得有点儿发烧。→短语：摸脸→释义：用手接触一下（物体）或接触后轻轻移动 ②语料：摸鱼 | 他在口袋里摸了半天，摸出一张纸条来。→短语：摸鱼；在口袋里摸；摸出一张纸条→释义：用手探取 ③语料：摸底 | 逐渐摸出一套种水稻的经验来。→短语：摸底；摸出经验→释义：试着了解；试着做 ④语料：摸到床边开亮了灯 | 摸了半夜才到家。→短语：摸到床边；摸了半夜才到家→释义：在黑暗中行动，在认不清的道路上行走

短语驱动使释义方式发生了变化，与传统的理性主义（mentalism）基于内省的释义方式相比，短语驱动的经验主义（empiricism）释义方式克服了内省的个人性和低效率，更利于构建释义文本。

由于内涵常常难以用语言表达，物质名词的释义时常困扰着词典编纂者，《现代汉语词典》（2006）对物质名词的释义多采用科学定义和百科知识相结合的方式。如：

【水】最简单的氢氧化合物，化学式 $H_2O$。无色、无味、无臭的液体，在标准大气压下，冰点 0℃，沸点 100℃，4℃时密度最大，比重为 1。

这样的释义虽然是确切的，但教科书式的科学语言不仅需要读者有一定的科学知识才能理解，而且也没有提供语文词典使用者所需的语言信息。我们看看短语驱动释义的情况。我们首先从语料中提取短语：河水、湖水、海水，喝水、白开水、自来水，瓜果缺水、浇水，纯净水，洪水等。

然后进行基于短语的经验值提取：

河水、湖水、海水→组成河流、湖泊、海洋的主要成分；

喝水、白开水、自来水→动物和人赖以生存的必需物质；

瓜果缺水、浇水→植物赖以生存的必需物质；

纯净水→纯净状态下为无色无味的液体；

洪水→暴雨过度可致其泛滥而引起水灾。

下面是短语驱动释义：

【水】组成河流、湖泊、海洋的主要成分，动植物和人赖以生存的必需物质，纯净状态下为无色无味的液体，暴雨过度可致其泛滥而引起水灾。

基于短语的释义不仅更加通俗易懂，而且也更好地还原了词汇的经验值。短语驱动对颜色词释义也具有很好的适应性，以下释义来自于《现代汉语词典》（2006）：

【蓝】晴天天空的颜色

【红】鲜血或石榴花的颜色

【白】霜或雪的颜色

如果采用科学定义的方式，以上颜色词应该释义为：

【蓝】RGB 值分别为 0、0、255 的颜色

【红】RGB 值分别为 255、0、0 的颜色

【白】RGB 值分别为 255、255、255 的颜色

科学释义不为普通大众所理解，脱离日常生活，还原的是少数人的个性经验值，无法还原共性经验值。普通语文词典不应采用或应尽量避免使用此种释义方式。《现代汉语词典》（2006）采用了指物性释义（ostensive definition）的方式，对部分颜色词进行了释义，与科学定义式相比，在对颜色词释义时，指物性释义显示了较大的优势。但指物性释义还不是真正意义上的短语驱动释义，它仍然是基于个人内省的，所以会出现用“石榴花的颜色”来指称“红”的情况。语料显示与“红”相关的常用短语有“火红”、“红色的枫叶”、“羞红的脸”，因此“红”的释义可以修改为“鲜血或火焰的颜色”。“红色的枫叶”和“羞红的脸”所含的经验值可以进入释义，也可以作为内词条来体现。

词汇的经验值会随着语料的增加而丰富，短语驱动不追求经验值的穷尽，短语驱动研究的目的是还原词汇在某一语域的共性经验值。“激光”、“阑尾炎”的共性经验值在普通大众和专业人士的眼里就有所不同，词典的类型决定了短语驱动的释义内容以及内词条和例句的选择等。短语驱动不排斥内省的参与，因为短语驱动提供的只是数据，对数据的分析、归纳和总结都离不开研究者的判断。

以上显示了短语驱动在单语词典编写时的优势，下面再考察双语词典的编写。与单语词典不同，由于二语习得者不具有母语使用者丰富的语言知识，双语词典的释义更加难以还原所释词语的经验值。再加上两种语言系统的差异，释义常无法体现词汇的使用特征。“龙”与其英语释义 dragon 所包含的经验值大相径庭，类似的还有“白象”和 white elephant，“紫罗兰”和 pansy，“红色”和 red。它们反映的是文化差异导致的对词义的不同理解。

汉语的“野心”与英语的 ambition 所包含的经验值也不尽相同。汉语的“拒绝”在英语里需要随语境而使用 refuse、reject、decline 等不同词汇来表达。“消息”的释义是 news，但该释义却不能体现与 news 相关的其他重要使用特征，例如“一则消息”是 a piece of news 而不是 a news。对于在两种语言中具有相同指称的某些名词来说，单纯的释义也不能还原重要的共性经验值，如“冰激凌”和 ice cream 的所指相同，语义近乎等值，但“蛋卷冰激凌”、“三色冰激凌”的英文表达 ice cream cone 和 ice cream with three flavours 却不能通过释义来推导。即使是科技词汇，释义的自足性也常常只限于字面，如“克隆”的释义为 clone，据此我们往往错误地推定“克隆人”的英文是 clone human。

以上分析表明双语词典的释义不仅不能还原词汇的基本语义，更无法重现词汇的搭配、语法等经验值。对于双语词典来说，内词条或例句在还原词目经验值方面往往比释义更为有效。因此，短语驱动模式对双语词典的编写也具有适应性。

下面我们以汉语词“挨”为例来看看短语驱动双语词典编纂的步骤和方法。

首先是数据检索。在PECC中以“挨”为关键词进行检索，共得语料383句（段）。因为“挨”是多音字，去除了阴平“挨”的相关语料，然后对阳平“挨”的语料进行整理，得到语料如下：

（1）还有，我曾经说，自己并非创作者，便在上海报纸的《新教训》里，**挨了一顿骂**。Incidentally, I mentioned once that I was not an original thinker, only to be abused by the supplement *New Instruction* to Shanghai paper.

（2）邦布尔先生结结实实吃了一惊，又结结实实**挨了一顿打**。Mr. Bumble was fairly taken by surprise, and fairly beaten.

（3）不管怎么说吧，今天是他的九岁生日，他正在煤窖里庆祝生日，客人是经过挑选的，只有另外两位小绅士，他们仨真是穷凶极恶，居然喊肚子饿，一起结结实实**挨了一顿打**，之后又给关了起来。Be this as it may, however, it was his ninth birthday; and he was keeping it in the coal-cellar with a select party of two other young gentlemen, who, after participating with him in a sound thrashing, had been locked up for atrociously presuming to be hungry.

（4）马而立揉着眼睛爬起来了，睡意未消，朦朦胧胧地**挨了一顿批**。Ma Erli rubbed his eyes and scrambled up. Still half asleep, he hazily weathered the hail of criticism.

（5）……天天**挨到国民党军队的袭击**。... subjected to daily attacks by the Kuomintang troops.

（6）我们起码需要三十块钱，才能**挨完下个月**。We really have to hold back thirty yuan to help us get through next month.

（7）他直**挨到夜十二点半钟**才走。He didn't go till 12:00 a.m.

（8）农民协会要早晨捉土豪劣绅，知事不敢**挨到中午**，要中午捉，不敢**挨到下午**。If it demanded the arrest of a local tyrant in the morning, the magistrate dared not delay till noon; if it demanded arrest by noon, he dared not delay till the afternoon.

语料的加粗部分（为了方便分析而设定的）是“挨”的相关短语，它们蕴含了该词的经验值。基于以上短语，可以编写“挨”词条如下：

【挨】① get; weather; be subjected to: ～了一顿骂 be abused ｜ ～了一顿好打 get a sound thrashing; get a thorough beating ｜ ～了一顿批 weather a hail of criticism ｜ 天天～到敌军的袭击 be subjected to daily attacks by the enemy troops ② get through: 我们起码需要三十块钱，才能～完下个月。We really have to hold back thirty *yuan* to help us get through next month. ③ delay: ～到中午 delay till noon ｜ 他直～到夜十二点半钟才走。He didn’t go till 12:00 a.m.

前文说过，短语驱动不排斥内省的参与，基于短语驱动的词目编写完成后，可以进一步修改和完善。如义项一的释义可以修改为 get; weather; be subjected to; suffer；义项二的释义可以修改为 get through; pull through。以基于语料的短语驱动为基础，结合基于个人知识的内省会大大提高词典的编纂效率和准确性。

# 第三章 基于语料库的词典编纂研究

基于语料库的词典编纂研究以词典自动生成为最终目的，但很显然在未来很长一段时间内该目标将难以实现。目前，语料库词典编纂研究主要集中于如何使用语料库进行词典的辅助编写，即语料库辅助词典编纂（Corpus-aided Dictionary Compilation，简称为 CADIC）。从现有的技术条件出发，语料库可以在词典立目、释义、配例、义项选择和排序、新义项的挖掘等方面发挥重要作用。

## ◆ 3.1 词典立目

词典是由词目文本构成的工具书，如果把词典比作一个生物体，那么词目就是组成生物体的细胞。立目是词典编纂第一阶段的主要任务，立目质量与词典交际功能密切相关。

### 3.1.1 立目的要求

词典立目依赖于对词汇的研究，如常用词汇和新词汇的研究。英语语言在词汇的分级和分类研究方面较为领先。早在 1921 年，桑代克（Thorndike）就借助于语料库发布了英语词汇的使用频率报告。此项研究对后来美国以及世界其他地区的英语教学都产生了巨大的影响。1944 年，桑代克进一步完善了他的早期研究，发表了《教师 3 万词汇手册》（*The Teacher's Wordbook of 30,000 words*）。此时，桑代克研究所依据的语料库已达到 1800 万词次。出于教学目的而基于语料库对英语词汇进行研究最著名的例子是迈克尔 · 韦斯特（Michael West）的《实用英语词汇表》（*General Service List of English Words*）。此项成果发表于1953年，它对当时英语书面语中最常用的2000个词汇进行了具体的描述，不仅有不同词义的使用频率情况，还有用法说明。

与英语相比，汉语的相关研究相对滞后。这不仅表现在缺乏系统的理论研究，研究方法也较为落后。吕叔湘（1984）曾经指出："以现代词语为主要研究对象的词典为数不少，可是除《现代汉语词典》还作了点研究工作外，别的中、小型词典（字典）都只是在编排上用心思，在收罗词汇和分析词义上都没有下多大工夫，这是极不应该的。"在产品方面，与丰富多彩的英语词典相比，就连国内最著名的《现代汉语词典》（2006）在立目方面多年来也变化甚微，只在收录新词汇方面做了点工作，没有进行核心词汇方面的系统探索。我们还没有通过科学方法而获得的汉语词汇分级表，例如《1000个最常用词汇表》、《5000个常用词汇表》等。

与汉语单语词典相比，汉英词典的立目存在的问题更为严重。从目前出版的汉英词典来看，汉英词典在编写的过程中基本没有进行词条收录方面的系统探索，编纂者往往只是以某一本或几本汉语词典为蓝本来收录词目。由于词典的服务对象不同，汉语词典作为汉英词典的蓝本显然是不科学的。再者，汉语词典本身的立目质量也有待进一步提高。另外，各词典间相互"借鉴"，创新不足。立目的不严谨造成大量的"词目空缺"，大大降低了词典作为工具书的作用。

汉英词典在立目和收词时必须要制定原则并严格遵守才不至于造成严重的立目混乱和收词失衡。从现有的汉英词典看，在立目和收词方面基本上都存在主观性和随意性等问题，如在《新时代汉英大词典》（2000）中，"东北平原"、"长江中下游平原"单独成条，而"华北平原"却出现在"华北"词条的例证中；该词典收录了历任日本首相，但却没有收录任何一位德国总理。

主观性和随意性是造成立目混乱和收词失衡的重要原因。日本首相如“小泉纯一郎”（Junichiro Koizumi）有没有必要收录，要根据词典编写的目的具体问题具体对待，对于通用型语文词典来说，一般情况下没有收录的必要，因为日本政府更迭频繁，首相的执政时间也常常极为短暂，但“靖国神社”（Yasukuni Shrine）却应该作为词目收录。词目空缺一方面是固有的词汇收录不完全，另一方面是新词收录不够。如：

上网 get online/log on　配套资金 supporting fund

形象代言人 image representative　白马王子 Prince Charming

白领 white collar　盗版 pirated (VCD)

吊带衫 sun-top　毒枭 drug trafficker

为了克服词典立目存在的问题，词典立目需要遵循两大原则。

第一个原则是词典的类型学要求。阿尔-卡希米（Al-Kasimi，1983：109）提出的词目收录四条标准之一是“词目要切合专题”。我国学者也提出立目要有针对性（张后尘，1994：131）。不同类型的词典编纂目的相异，对立目也有不同的要求。科技词典（专门词典）不一定需要收录普通词，而语文词典却以收录普通词为首要目标；内向型词典可以不收录的某些词目，对于外向型词典来说有时却是必须要收录的；积极型的双语词典以跨语言交际为目的，大量单语词典不必收录的普通词对双语词典却是不可或缺的，如“手机”、“电脑”、“畅销”、“纯情”等词语汉语单语语文词典没有收录的强制性，但以英语编码为目的的汉英词典却需要多收录普通词，因为它们不仅使用频率高，而且往往是编码的难点。

第二个原则是词典的查考性要求。词典的查考性与立目规模成正相关，因此在条件容许的情况下，应该尽可能地多立目。但由于纸质词典受规模的限制，立目时也要考虑立目的经济性和效率。下面以词组的收录来谈谈汉英词典收词的经济性问题和查考性要求。

词和词的组合构成词组，例如“核污染”、“看电视”、“学士帽”、“精神压力”、“驴叫”、“泼冷水”、“空中楼阁”等。有些词组，如“核污染”具有很强的再生性，从“核污染”可以再生出“核爆炸”、“核辐射”、“核灾难”等等。这种具有高度再生性的词组就是自由组合词组。除了“核污染”之外，“看电视”、“学士帽”、“精神压力”和“驴叫”也属此类。

自由组合词组也有不同的类型，如“配眼镜”、“配钥匙”、“看电视”、“看电影”是动宾词组，“核污染”、“核爆炸”、“首席小提琴手”、“首席执行官”是偏正词组等。虽然同为动宾词组或偏正词组，但翻译成英语时（或者说英语里的对应词）却表现出不同的结构特点。试看以上词组的英语对译：

配眼镜 have a pair of glasses made　配钥匙 have a key made

看电视 watch TV　看电影 see a movie

核污染 nuclear pollution　核爆炸 nuclear explosion

首席小提琴手 concertmeister　首席执行官 chief executive officer

以上对译有三种情况：（1）汉语词组对译为英语词组，但关键词随搭配的不同而不同，如“看电视”和“看电影”中的“看”；（2）汉语词组对译为英语词组，关键词不受搭配的影响，如“配眼镜”中的“配”和“核污染”中的“核”；（3）汉语词组对译为英语单词，如“首席小提琴手”。

由于两种语言的差异，上述的第一种情况是汉英对译的常态，这里不加论述。第二种自由组合如“配眼镜”、“配钥匙”和“核污染”、“核爆炸”等，它们的释义是构成该词组的各个部件释义的简单相加，如“核”对应 nuclear，“核污染”是“核（nuclear）+ 污染（pollution）= nuclear pollution”，“核爆炸”是“核（nuclear）+ 爆炸（explosion）= nuclear explosion”。我们把具有这一对译特点的词组称为简单对译自由组合。简单对译自由组合是“词组（汉语）-词组（英语）”形式的对译。

由于语言自身的生成能力，简单对译自由组合的数量巨大，如果汉英词典在收录此类词汇时只进行简单的罗列而不注意条目的典型性，将会产生大量不该立目的条目。以《新时代汉英词典》（2003）为例，该词典不仅列出了“核污染”、“核爆炸”，在“核”词头下还有下列词目及释义：

【核】nuclear

【核安全】nuclear security

【核爆炸】nuclear explosion

该词典另外也对“安全”和“爆炸”进行了释义：

【安全】security

【爆炸】explosion

依此类推，该词典对其他类似词条，如“核污染”、“核战争”、“核武器”、“核反应”、“核弹头”等，也进行了释义。

由于简单对译自由组合只是几个组合词词义的简单相加，释译词也是相应的几个词的简单组合，因此无条件地收录像“核安全”这样的条目对于以语言生成为首要任务的内向型词典来说并无必要。

与简单对译自由组合不同的是像“学士帽”、“首席小提琴手”这样的词汇，它们在汉语里是词组，但英语释译不是自由组合，而是一个单词，如“学士帽”和“首席小提琴手”分别对应 mortarboard 和 concertmeister。它们是复杂对译自由组合的一种，由于它们都是从汉语自由组合到英语单词的转换，我们姑且称其为“词组（汉语）–单词（英语）”对译型自由组合。

由于从汉语词组本身无法推导出英语的释译，复杂对译自由组合对于内向型汉英词典具有重要意义。许多汉英词典大量收录简单对译自由组合，而对复杂对译自由组合的收录却远远不够。《现代汉语词典》（2006）收录了“学士”和“首席”，从汉语单语语文词典的角度看，自由组合“学士帽”和“首席小提琴手”的词义可据此推出，因此没有收录的必要。但由于内向型汉英词典的交际目的不同，在立目时应该另辟蹊径，挖掘复杂对译自由组合并尽可能多地收录。目前由于对复杂对译自由组合的研究重视不够，大量的此类组合未被汉英词典所收录，严重影响了词典的编码效率。这也是汉英词典立目存在的主要问题之一。

### 3.1.2 立目自动化及其挑战

词典立目通常是继承和发展的统一体，相同类型词典的现有立目是新辞书立目的重要参考。立足于现有词目，在此基础上对词目进行增加和删减是当前立目的常用方法之一。但这种方法容易造成立目创新不够、过度抄袭等缺点。

那么有没有什么方法能克服这些不足呢？

借助语料库进行立目可以从根本上革新立目的方法，克服抄袭和创新不够的缺点。基于语料库的立目研究应该被视为词典编纂技术研究的主要内容之一。

借助语料库立目是基于这样的假设：一定规模的语料库包含了某个专业语域或通用语域的绝大部分词汇。因此，词典立目就是将语料库中所包含的词汇提取出来。

基于语料库的立目步骤如下：

（1）建设规模适当的语料库；

（2）对语料库进行分词（汉语）；

（3）提取词目。

在语料库的建设阶段，需要考虑语料的代表性和语料库的规模等问题，这些将在下一章详细论述。对于英语来说，分词不是问题，但分词却是汉语词目自动提取面临的最大难题。

近年来，虽然汉语自动分词技术取得了长足的进步，ICTCLAS 的发布标志着分词技术从实验室走向了普通研究者，但是汉语分词面临的两大难题并没有得到彻底解决。

第一个难题是分词歧义。所谓的分词歧义指的是某一字段的多种切分可能性，由于计算机并不能像人一样真正读懂句义，所以自动分词常会有误差。如“结合成分子时”可以有下列不同的切分法：

结合 / 成 / 分子 / 时

结 / 合成 / 分子 / 时

结合 / 成分 / 子时

如果涉及到通过上下文判断句义，计算机就更加无能为力了，如“你认为学生会听老师的吗？”。像这样的歧义句，对自动分词是巨大的挑战。

第二个难题是未登录词识别。自动分词对词表具有高度的依赖性，但词表难以覆盖语言中的所有词汇，新词汇、地名、人名等常常是收录的盲点。这些未登录词也会给自动分词带来很大的困难。

### 3.1.3 立目工具的基本要求

虽然说分词技术还存在不足，但自动分词软件的使用大幅度提高了分词的效率，也表明文本自动分词已经成为了现实。自动分词研究仍然是立目自动化的核心内容。

以词典立目为目标的自动分词研究与通常的分词研究有一定的区别。对词典立目来说，分词的准确度最为重要，分词技术研究应该在准确度优先的前提下才进一步考虑分词的其他方面。为了确保分词的准确度，对于模糊的语段可以不实行自动分词。在保证准确度的情况下再考虑分词的深度。这样做看似降低了分词的效率，实则有效减少了人工修改所需的时间。此外，分词工具的准确度也是立目可靠性的保证。

开放式词表对于分词的准确度和效率也具有重要意义。由于词典类型学的要求，分词工具内置的词表很难适应不同类型词典的分词需要。开放式词表有利于用户根据需要添加人名、地名等新词汇，以提高分词的效率。

对自动分词所得的词汇进行去重可以通过多种方式实现，最有效的方法是使用计算机编程语言编写小工具，编写好的工具还可以方便他人使用。在无法编程的情况下，也可以通过第三方软件，如 Microsoft Office 办公软件进行去重处理。下面介绍通过 Microsoft Office 办公软件实现去重的方法。

首先用 Word 将已经分词的汉语语料转化为表格；然后新建一个 Access 数据库和数据表，将 Word 表格数据拷贝至 Access 数据表中；接下来，对 Access 数据表进行设置和保存，字段名称可以取 entry，数据库和数据表名称分别为 data 和 table1。设置成功后可得如下数据表：

| 编号 | entry |
| --- | --- |
| 1 | 电脑 |
| 2 | 数据 |
| 3 | 树立 |
| 4 | 麻烦 |
| 5 | 电视 |
| 6 | 电脑 |
| 7 | 我 |
| 8 | 的 |
| 9 | 我们 |
| 10 | 的 |
| 11 | 电视 |
| 12 | 书记 |
| 13 | 书籍 |
| 14 | 树立 |
| (自动编号) | |

**图 3-1 Access 数据表结构**

在 data 窗口左边选择“查询”，接着点击“设计”，如图 3-2。

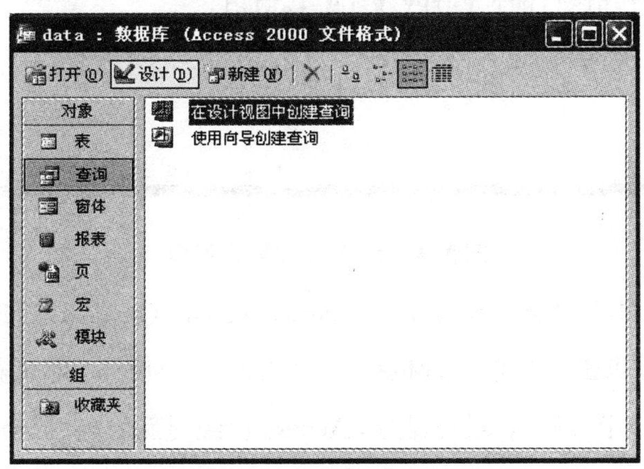


**图 3-2　Access 数据表查询界面**

在弹出的窗口中选择“关闭”，此时可见左上角菜单栏下面的“SQL”按钮，参见下图：

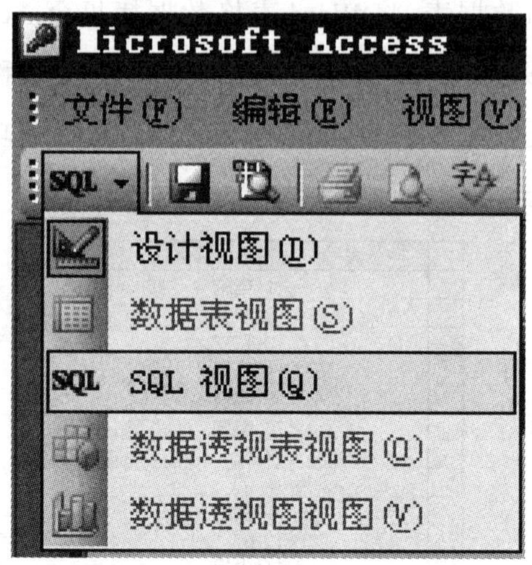


**图 3-3　Access 中的 SQL 引用**

单击“SQL 视图”就打开了编辑器，如下图：

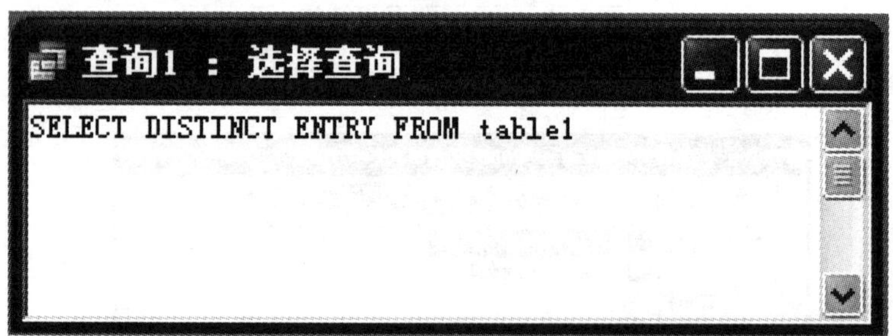


**图 3-4　SQL 命令输入窗口**

在此编辑器中输入 SQL 语句“SELECT DISTINCT ENTRY FROM table1”，最后点击工具栏执行按钮（一个红色的感叹号）即可获得去重后的新词目表。图 3-5 是最终结果，Access 已经对新表自动进行了去重和排序。

| | ENTRY |
|---|---|
| ▶ | 的 |
| | 电脑 |
| | 电视 |
| | 麻烦 |
| | 书籍 |
| | 书记 |
| | 树立 |
| | 数据 |
| | 我 |
| | 我们 |

**图 3-5　去重结果**

## ◆3.2 词典释义

释义是针对单语词典而言的，双语词典的对应词相当于单语词典的释义。释义对于词典的作用不言而喻。李安兴（2003）认为一部双语词典质量的优劣首先取决于它的释义是否建立在大量语言材料的基础之上。双语词典的释义一直是词典编纂的重点和难点之一，对于英语和汉语来说，大多数词汇间并不存在一一对等关系，然而对等关系的建立却被视为双语词典的主要任务。托马谢夫斯克（Tomaszczyk，1983）认为“任何双语词典编纂都是比较词汇学的演练”，两种语言间的词汇对等关系是建立在词汇的比较研究基础之上的。在没有大规模真实文本平行语料库的时候，释义或赋予词目对应词大多依靠内省的办法。这不仅费时费力，而且由于编写人员的水平和其他条件限制，错误和不当的释义不可避免。若使用平行语料库，词目释义的编纂方式则大不相同。在平行语料库中，从理论上说，每个词目都有其对应词或对应方式。利用语料库检索工具可以从英汉平行语料库中提取大量的具有互译特征的句对，然后在实际语境中分析词目并对照对译情况，在此基础上获得较为客观的、真实的释义或对应词。语料库在改进双语词典词目释义质量方面的作用已经引起了广泛的重视。

### 3.2.1 语料库与单语词典释义

对词汇的释义是单语词典的中心任务（Atkins and Rundell, 2008: 405），但同时释义也是词典编纂过程中最艰辛的工作之一。约翰逊（Johnson，1755）在为英语词典写的前言中说："对词汇的解释（explanation）是我在词典编纂的过程中最觉棘手的方面，我不敢奢望公正的读者对我的解释都能满意，因为有时我自己都对某些解释感到不满。"

章宜华和雍和明（2007：241–261）列举了 10 种不同类型的释义方法：规定性释义、精确性释义、说服性释义、理论性释义、操作性释义、内涵性释义、外延性释义、指物性释义、词汇性释义和功能性释义。

传统的释义方式基本上都是基于内省的，也就是根据我们对词目词的理解，以定义的方式或词语对释的方式描述我们的内省知识（李尔刚，2006：91）。如：

【经济特区】为有效吸收外资和先进技术、发展对外贸易而设置的实行特殊经济政策和经济管理体制的地区。（规定性释义）

【horsepower】An imperial unit of power equal to 550 foot-pounds per second.（精确性释义）

【mother】A woman in relation to a child or children to whom who has given birth.（词汇性释义）

前文（2.4）说过，释义就是重现词汇的经验值，但内省常常无法确切或全面地对其加以反映。语料库的方法可以有效提高释义对词汇经验值的反映水平。

自然句释义不仅能解释词义，而且还可以反映语法特征和句法结构，甚至搭配关系也可以体现，由于自然句释义能更为有效地重现词汇的经验值，因此成为了词典，特别是基于语料库编纂的词典的新兴释义方式。如下列释义来自于《柯林斯COBUILD高级英汉双解词典》(2009)：

【reject】If you **reject** something such as a proposal, a request, or an offer, you do not accept it or you do not agree to it.

【stammer】If you **stammer**, you speak with difficulty, hesitating and repeating words or sounds.

【book】When you **book** something such as a hotel room or a ticket, you arrange to have it or use it at a particular time.

自然句释义的理论基础是弗斯的语境理论，弗斯认为意义是词语在上下文语境中的功能，因此词汇释义不能脱离上下文。

自然句释义常以 if 或 when 预设一个小语境，这个小语境可能是语言的也可能是社会的，主句引出的是词语的解释、说明或描述等。李尔刚（2006：103）对自然句释义的优点有过如下的评价：

不同的施事者和受事者在释义中全都通过语境分句表现出来。语境分句既表现了社会生活存在即这些不同的生活内容(即广义语境)，也反映了被释词与不同词汇搭配(即狭义语境)，反映出了被释词各义项之间的意义差异。这确实非常便于读者理解各义项的不同之处。

通过检索工具提供的索引行显示节点词的经验值仍然是语料库词典学获得词汇信息的主要手段。如下图：

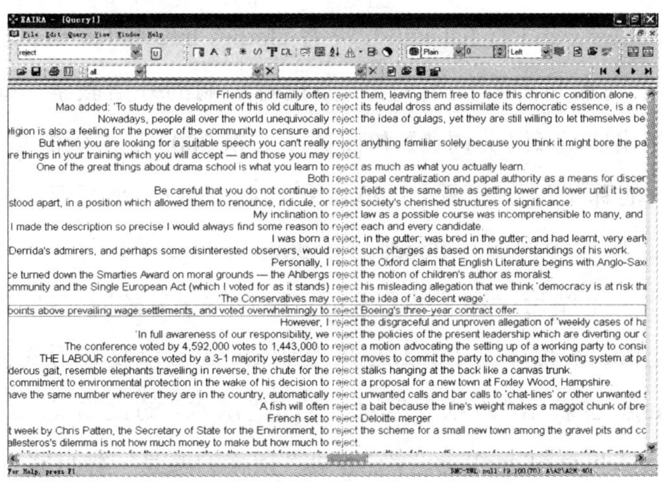


图 3-6　BNC 中 reject 的索引行

索引行的显示可以有多种方式，如顺序显示、随机显示等。但不论何种显示方式都会出现许多噪音行，如检索动词 reject 时出现的名词索引行：

I was born a reject, in the gutter ...

如果索引工具在显示索引行时能过滤掉噪音行，语料库方法的效率将会得到有效提高。

### 3.2.2 语料库与双语词典释义

双语词典的释义也称为释译，长期以来汉英词典的释译主要依靠编纂人员的内省。内省释义受词典编者语言能力的限制，是造成释义不当、解释性释义过多等问题的主要原因。此外，汉英词典释译也有过多参照已版双语词典的情况，依靠已版词典造成了多数汉英词典释义的雷同，缺乏创新性。平行语料库的使用弥补了内省释义的不足，不仅可以有效减少不当或者错误的释义以及解释性释义，而且还会令释义更为地道丰富。

借助语料库可以修正不当的释义，令释义更准确。如许多汉英词典都将 clothes tree 和 hat tree 作为"衣架"的释译，但语料显示正确的释译是 clothes stand 和 hat stand，没有 clothes tree 和 hat tree 这样的说法。又如"洪水"一词，汉英词典（如较有影响的外语教学与研究出版社 2001 年出版的《汉英词典》和商务印书馆 2003 年出版的《新时代汉英词典》）的释义通常有两个：flood 和 floodwater。平行语料库检索显示，"洪水"的对应词还有 floods、flooding、deluge 等。通过对语料进行分析，得出以下结论：当"洪水"表示一种自然现象的时候，它的对应词应该首选 floods，而不是 flood，也就是说 flood 常以复数形式在语言中使用；deluge 也表示"洪水"，但对应的是"洪水"的比喻义，如 a deluge of water、a deluge of applause；当"洪水"指称的不是一种自然现象，而是一种物质，即"洪水的水"的时候，其对应的释义词是 floodwater，而不是

floods 或 flood。据此，词目“洪水”可以作如下更改：

【洪水】① floods（指自然灾害）② floodwater（指水）：已经有成百上千的绵羊从不断上升的～中被救起。Hundreds of sheep have been rescued from rising floodwater. ③ deluge（常用于比喻）：欢迎他的是～般的掌声。He was greeted with a deluge of applause.

对于内向型双语词典来说，对应词或翻译对等词是释义的追求目标，解释性释义是在没有对应词情况下的无奈选择，如“内耗”、“内秀”在汉英词典里的释义。汉英词典里的解释性释义主要源于两种情况：一是对没有对应词的文化局限词（culture-bound lexical item）的无奈选择；二是没有发现目的语（英语）中的对应词而不得不采取的权宜之计。由于英汉两种语言和文化的差异，文化局限词的确存在，所以解释性释义是不可避免的，但第二类解释性释义可以借助英汉平行语料库而大量减少，上文的“内耗”、“内秀”可以在进行语料库检索后分别释译为 infight; infighting 和 a diamond in the rough。从理论上说，如果语料库有足够的规模，第二类解释性释义基本上都能够避免。

平行语料库的运用还大大丰富了汉英词典原有的释义，如“热门货”原释义为“goods which are in great demand or sell well; hot item”（《汉英词典》，2001），改进后的释义为“goods which are in great demand or sell well; big seller; hot seller; hot commodity; hot cake”；“言过其实”原释义为“exaggerate; overstate”（《汉英词典》，2001），改进后的释义为“exaggerate; overstate; dramatize; stretch a point; stretch the truth; paint the devil blacker than he is; make a mountain out of a molehill”。与以往的汉英词典相比，基于平行语料库编写的汉英词典释义更为丰富和灵活。

平行语料库对双语词典释义的价值是毋庸置疑的。钱厚生（2001：37）指出：“真正贴切的对应词大都存在于好的翻译材料之中，值得大力搜寻。”

计算语言学家一直致力于对应词的自动提取研究。这项工作基于这样的假设：两种语言相互间存在对译关系的词或词组要比相互间没有对译关系的词或词组更有可能出现在同一个对齐的句对中。

利用平行语料库开展翻译对等词的自动抽取过程分为两个阶段：（1）假设阶段：扫描已经对齐的平行语料库，生成所有候选的翻译对等词；（2）检验阶段：根据一定的统计关联的度量手段，从候选的翻译对等词中选出统计意义上较为可靠的对等词。

通常提取出来供候选的翻译对等词数量庞大，有些明显没有对应关系，剔除明显不合格的候选对之后，接下来再利用统计关联度量手段甄别剩下的候选对。关联度量手段通常有 Dice 系数、$\chi^2$ 统计、对数似然性度量等方法。俞士汶等（2003：106–108）研究表明，对于英汉翻译对等词的抽取，$\chi^2$ 统计的效果优于其他方法。下表是俞士汶等（2003：106–108）利用双语平行语料库抽取的翻译对等词示例：

**表 3–1　基于 $\chi^2$ 统计提取的翻译对等词**

| 翻译对等词 | | $\chi^2$统计值 |
|---|---|---|
| 汉语 | 英语 | |
| 附注 | remark | 496.471 |
| 款 | subsection | 496.237 |
| 废除 | repeal | 495.814 |
| 命令 | order | 493.195 |
| 词句 | expression | 492.192 |
| 豁免 | exemption | 490.829 |
| 附表 | schedule | 489.946 |
| 许可证 | licence | 488.87 |
| 文告 | proclamation | 487.53 |
| 更改 | vary | 485.815 |
| 行政长官 | Chief Executive | 484.371 |
| 财政司司长 | Financial Secretary | 475.711 |
| 香港特别行政区 | Hong Kong Special Administrative Region | 448.576 |

以上方法不仅适用于翻译对等词的抽取，也可以用来抽取高于词平

面的翻译对等知识。$\chi^2$ 统计值验证了英汉语词汇之间的高度对应关系，但是基于统计的方法只能提取具有显著统计意义的对应词，而事实上大量的词汇在平行语料库中的对应关系并不能达到统计学上的显著意义。如在 PECC 中，有些关键词只有几个，有些甚至只有 1 个索引句对，因此基于统计校验的方法就会遇到数据稀疏的问题。

以“出气筒”为关键词的检索只有 1 个命中句对：

欧盟成了一个适合不过的出气筒。The European Union provides a convenient punching bag.

以“摇钱树”为关键词的检索有 6 个命中句对：

（1）公众对鲸的看法可谓见仁见智，认为鲸可食用、作生物标本者有之；视鲸为传说中的始祖、新时代的神灵者有之；视鲸为政治足球者有之；而那些经营观鲸用具与纪念品的商店则把它们当成**摇钱树**。Those disparate views include the whale as meat, the whale as biological specimen, the whale as mythical ancestor, the whale as political football, the whale as New Age god, the whale as economic boon to whale-watching outfits and souvenir shops.

（2）要论清理小教堂里那班老太太的口袋，可是个顶个的宝贝儿哩。脸盘子就是他的**摇钱树**。Wot an inwalable boy that'll make, for the old ladies' pockets in chapels! His mug is a fortin' to him.

（3）加上南希这样一个帮手，此人完全可能成为一株非常宝贵的**摇钱树**，必须（费金如此这般地论证着）毫不拖延地弄到手。He would be a valuable acquisition with such an assistant as Nancy, and must (thus Fagin argued) be secured without delay.

（4）人很和气，一天不声不响。赵大伯是一棵**摇钱树**，赵大娘就是个聚宝盆。大娘精神得出奇。五十岁了，两个眼睛还是清亮亮的。He was kind to everybody and remained silent all day long. Aunt Zhao also enjoyed good health. Although fifty years old, she still had keen eyesight.

（5）主题公园像巨大的**摇钱树**一样为公司大把大把攫取利润的年代已经成为历史，如今公园的竞争对手也不再仅仅是同行。The days when theme parks were giant cash cows driving profits for the corporations that owned them are over, and so are the days when parks had to compete only with one another.

（6）宝洁公司最近意识到，其在目标市场占有支配份额的**摇钱树**品牌"汰渍"，虽然在过去一年里销售份额又增加了3个百分点，占同类产品市场份额的42%，却正处于沦为纯粹的日用品的危险境地之中。And Procter & Gamble Co. recently realized that Tide, its segment-dominating cash cow, despite adding three share points in the past year for a total 42% of the category, was in jeopardy of slipping into mere commodity status.

虽然说有6个命中句对，但除了最后2句，对应词在其他句对中都各不相同，因此也难以进行对应词的自动提取。

双语词典释义的难点是现有词典上缺失的释义和不当的释义。因此目前基于平行语料库的对应词自动提取研究只限于理论上，在实践中的可行性和意义并不大。

对平行语料库进行词汇级对齐可以提高对等词自动提取的效率，但是到目前为止，平行语料库词汇级对齐该如何进行，对齐和标注的方法，对应词的映射等等，这些重要问题都没有开展过系统研究。另外，平行语料库的词汇级对齐在目前的技术条件下主要依靠人工。对于大型语料库来说，这是一项浩大的工程。

## ◆ 3.3 词典配例

例证通常被当做释义的补充，汉英词典的例证不仅具有辅助释义的功能，还可以指导语言编码，即通过小语境揭示用法，为翻译提供帮助。对于某些词汇来说，特别是专有名词和科技词汇，英语释译词与汉语词目词在语义上高度对等,英语释译词也没有特别的用法特征,从词典的经济性原则出发,此时可以不提供例句。

配例不是简单地为词目提供例子,还需要通过配例反映词目的搭配、语义偏好或语义韵等信息。

### 3.3.1 语料库配例的优势

例证是词典的核心组成部分之一,它是积极型词典必不可少的组成部分。虽然例证被视为释义的补充,但有时它的作用不亚于释义,这一点在前文已有详细论述。词典编纂人员在配例时通常有两种做法:自造例句或从出版物中选择现成的句子。

自造例句虽然也有可取之处,但缺点是明显的,因此自造例句的做法受到了许多学者的批评。自造例句的方法违背了福克斯(Fox,1987)所倡导的真实性(authenticity)原则,通常有以下具体弊端:其一,为了说明某个义项而造句会有斧凿或拼凑的痕迹;其二,由于编纂人员的知识面所限,所造例句会倾向其本人熟悉的学科领域,有过偏之嫌。(郭启新,2001 : 262)国内发行量颇大、影响颇为广泛的《新英汉词典》(1985)所收例句基本上都是编者自造的。如:

Have you finished with the dictionary?

May I have the loan of your typewriter?

有些原版词典也有类似现象(Fox,1987)。如:

We must throw up an embankment to stop the river from flooding the town.

可以看出以上例句有明显的不足之处,它们虽然都合乎语法,但却极其不真实,不论是口语或书面语中,很难设想以英语为母语的人会使用这样的句子。

语料库的使用给词典配例带来了翻天覆地的变化。对于双语词典来说,平行语料库不仅提供了大量的供编者选择的例证,计算机检索也只需短短几秒钟的时间,大大提高了编者的工作效率。由于有大量来源于真实文本的语料的支持，基于平行语料库编写的汉英词典在配例方面不仅克服了以往汉英词典例证雷同的缺点，而且例句更加丰富，更加贴近语言的使用，因此可以更好地为语言编码服务。例如给汉语词“上方”的配例：

在我们的～悬挂着一盏灯。A lamp hung over us. | 飞机在我们～盘旋。The plane was hovering overhead. | 阳台伸出在游泳池～。The balcony juts out over the swimming pool. | 树木在路的～形成拱形。Trees are overarching the road.

以下例证都来源于平行语料库，这些地道的例句充分显示了语料库配例和编纂人员自造例句之间巨大的差异。

（1）即使是一切情况正常，她痊愈的机会仍然不大。Even under normal circumstances, she would face no significant odds for a full recovery.

（2）每个地方的口味偏好都各不相同。Tastes vary widely.

（3）识时务的学生逐渐改行从事能赚到更高薪水的职业了。The clever students are switching to a career where they know they can earn top wages.

（4）不出意料，结果显示男性和女性的幸福观大相径庭。Not surprisingly, the results showed that men and women found happiness in different ways.

（5）科学家发现了有一种基因会让小伙子们长出松松垮垮的啤酒肚。A beer-gut gene that gives fellas flabby tummies has been discovered by scientists.

（6）我们大多数人对这一研究结果颇为认同。The findings ring true to most of us.

（7）现在本应是巴厘岛最繁忙的旅游旺季。It should be the height of the season in Bali.

（8）中国地区的大部分世界记录保持者却久久没有被记录在册。Most of China's new record-holders were long overdue.

### 3.3.2 语料库配例方法

简单地说，语料库配例就是从索引数据中选择适合要求的短语或句子作为例证写入词典中。但是不论是用随机还是顺序方式显示的索引行，合适的、高效的例证常常会淹没在数量庞大的数据中。语料库规模越大，这个问题就越突出。所以语料库配例方法研究的目标之一就是如何快速准确定位合适的例证。

#### 3.3.2.1 配例的难点

从目前的技术条件看，利用语料库配例有诸多难题需要解决。语料库记录的数据来自于真实文本，索引行文本长短各异，语体相别，语言质量参差不齐。

在编写汉英词典时，以“小人”为关键词在 PECC 中检索得到 72 个记录，前 5 个记录是：

（1）远方桥上的行人正心无旁骛大踏步地向前走着，那些**小人**儿细细点点的，看上去影影绰绰、似真似幻。Figures stride purposefully on a distant bridge figures in miniature, creatures that could be unreal.

（2）这也是当然的事，总会有人不喜欢猫，就像总会有人不喜欢那些笨嘴笨舌的浅薄**小人**一样。And of course, there are people who simply don't like cats, just as there are people who don't like other short, selfish people incapable of intelligent conversation.

（3）立了不知有多久。远处来了些蠕动的**小人**，随着一些听不甚真的音乐。A long, long time I stood there. In the distance a small procession was approaching, and presently a faint medley of sounds could be heard.

（4）马而立看了当然满意，这样的好东西到哪里去觅？可是还得问一句：“我们先**小人**后君子，这玩艺算多少钱一块，太贵了我们也用不起。” Ma Erli was naturally highly satisfied. Where could one go to find this kind of thing nowadays? But he still had to ask the question, “We’ll be petty-minded first and lofty-minded later. How much do these things cost each? If it’s too expensive we can’t afford it!”

（5）我当然希望他们捉到撞死那个可怜的小孩的卑劣**小人**。I sure hope they catch the creep that killed that poor kid.

语料第1句和第3句中的“小人”指的是“小的人”，与其他几句的关键词意义不同，因此对于表示“人格卑下的人”来说，它们就是语料噪音。第2句的译文不够准确，不适合作为例证。第4句中名词“小人”的译词是形容词 petty-minded，也不适合作为“小人”词目的首选例句。第5句中的 creep 虽然表示“小人”的意思，但由于是俚语，同样不适合作为首选例句。

如果我们要给意为“人格卑下的人”的“小人”配例，那么相关的例句却出现在第10句之后：

（1）孔子曰：“唯女子与**小人**为难养也，近之则不逊，远之则怨。” Confucius said: “Only women and low-class men are hard to keep. If you let them close to you, they show no respect. If you keep them at a distance, they bear a grudge.”

（2）迪基痛恨势利**小人**。Dickie disliked snobs intensely.

（3）啊啊，在五魁的一切英雄行为原却是一场阴谋的大骗局了，五魁在女人的眼里是个恶魔，是个**小人**，是个一生一世永远要诅咒的人了！Oh yes, it’s true she can’t possibly think otherwise all of his heroism’s nothing but a big fraud in the perpetration of a conspiracy and he Wukui is in her eyes a demon, a vile character, someone to curse for a lifetime!

虽然上述3个索引句具备了作为“小人”例句的条件，但第1和第3句过长，经过缩短后可得到“小人”的如下例句：

唯女子与小人为难养也。Only women and low-class men are hard to keep.

五魁在女人的眼里是个恶魔，是个小人，是个一生一世永远要诅咒的人了！Wukui is in her eyes a demon, a vile character, someone to curse for a lifetime!

很显然，上面后一句还可以进一步修改：

他在她的眼里是个恶魔，是个小人，是个一生一世永远要诅咒的人！He is in her eyes a demon, a vile character, someone to curse for a lifetime!

例句的修改不属于配例自动化的研究范围，语料库配例亟待解决的问题是剔除索引行的噪音以及凸显优质例句以提高选例的效率。

短语是例证的重要形式，用短语体现搭配和用法比整句更为经济。与提取整句相比，短语的提取更为困难。面对大量的索引行，我们不知道哪些行包含了有价值的短语。如果对索引行逐条进行分析，势必需要大量的时间。对于大型词典来说，由此所需的工作量是无法接受的。因此，优化配例方法，提高配例效率势在必行。

#### 3.3.2.2 提高配例效率的方法

在人工智能真正实现之前，利用语料库自动配例很难取得令人满意的结果。但是我们仍然可以通过下列方法提高配例的效率，节省人力。

对语料进行标注能有效提高命中精度。词性标注能在检索时去除因一词多性而产生的噪音行。句法标注有利于搭配和用法信息的提取。语义标注能解决一词多义的问题。

BNC具有通过词性过滤索引行的功能，在SARA中使用“词性查询”(Part of Speech Query，简称为 POS Query) 就可以达到这一目的。例如英文词 snore 既是动词，又是名词或者象声词。使用“词性查询”时可以选择不同的词性进行，选择 VV1、NN1 或者 NN1-VV1 分别显示动词、名词或者象声词的查询结果。

除了语料库的标注之外，科学设计索引行显示方案也非常重要。

即使对于进行了标注的语料库来说，关键词索引也经常会出现大量的数据。为了提高索引的效率，减少人工的付出，索引行的显示和分析可以采取随机枚举法：

（1）用随机的方式显示一定数量（如 30 行）的索引行；

（2）对所得的索引行进行分析；

（3）重复（1）和（2）直到没有新信息为止。

以上方法避免了分析所有索引行的困境，可以有效提高配例的效率。其实对于大多数基于语料库的研究来说，例如搭配研究，上述方法都有较好的效果。

短语驱动词典学认为例证应该以短语为主，例句为辅。短语标注是短语例证自动提取的必要途径。但是对于基于平行语料库的汉英词典编纂来说，短语标注还没有开始，尚有许多理论问题需要探索，因此随机枚举法也是目前相对较为有效的方法。

## ◆ 3.4 义项选择与频度排序

语料库在新义项的发现方面具有得天独厚的优势。义项的排序可以有不同的标准，语料库方法可以提供各义项的统计数据，是以使用度为标准的义项排序最为可靠的方法。

### 3.4.1 新义项的发掘

新义项指的是词目在现有词典上没有列出的、具有一定使用度的义项。由于词汇可以在特殊语境中具有特别的词义，即（动态）语境义。语境义依赖上下文，不具有普遍意义，因此词汇的动态语境义不一定是新的义项。例如 plod along 的词典义是“沉重缓慢地走”，但在下面的句子中，它的意思是“慢腾腾地阅读”。由于该义项的语境依赖性，不能作为新义项处理。

It is amazing how many readers will plod along at one-third their possible speed all their lives.

#### 3.4.1.1 基于索引行的分析方法

通过语料库发掘新义项可以通过对索引行的分析来展开。“挨”（阴平）在《现代汉语词典》（2006）上有两个义项：①顺着（次序）；逐一 ②靠近；紧接着。在PECC中用“挨”为关键词检索，翻译方式选择“汉译英”，相关50条检索数据如下[④]：

（1）叶子本是肩并肩密密的**挨**着，这便宛然有了一道凝碧的波痕。The leaves, which have been standing shoulder to shoulder, are caught shimmering in an emerald heave of the pond.

（2）月光下，他俩**挨**得很近，她见白小布衫的领口破了，她想：“明天该给他补一补。”“In the moonlight, the two kept close to each other. She saw the collar of his white shirt was worn out and said to herself, “I must mend it for him tomorrow.”

（3）学院请来一位洋教师，长得挺怪，红脸，金发，连鬓大胡须，有几根胡子一直逾过面颊，**挨**近鼻子；他个子足有二米，每进屋门必须低头，才能躲过门框子的拦击，叫人误以为他进门先鞠躬，这不太讲究礼貌了吗？ Our institute employed an English teacher. He looked very strange—red-faced, golden-haired with a thick growth of whiskers, a few hairs of which going all the way to the nose. He was really tall—no less than six feet five inches. When he came in through the door, he had to lower his head to avoid banging against the door frame. It looked as though he always bowed to you at the door and that was much too polite.

（4）我们**挨**进门，几个红的绿的在我的眼前一闪烁，便又看见戏台下满是许多头，再定神四面看，却见中间也还有几个空座。As we squeezed

④　数据进行了初步整理，剔除了阳平的“挨”，并对较长的索引行进行了缩短。

in, gaudy colours flashed into view, then I saw many heads in the auditorium; but when I collected myself to look around there were still a few empty seats in the middle.

……

（28）她浑身是湿的，软绵绵，热乎乎的。十一子觉得巧云紧紧**挨**着他，越挨越紧。十一子的心怦怦地跳。Dripping wet, she was soft and warm. His heart throbbed as he sensed her nestling closer to him.

（29）他们要小锡匠答应不再走进黄家的门，不**挨**巧云的身子。They ordered him not to enter Huang's house or lay a finger on July Cloud again.

（30）他把上层的楼板向下层的檐外伸出了一截，突出在街面上。紧**挨**上层，他又向南伸展，盖了一间过街楼，那一头接到朱雪桥家厢房房顶。He built the floor of the second story to extend over the street, and thus constructed an overhead room spanning the street.

（31）关老爷死后，大妇不容，虞芝兰就带了随身细软，两箱子字画，领着女儿搬出来住，租的是**挨**着宜园的一小四合院。After Master Guan had died, his wife had not been very tolerant, so Iris Yu had taken her valuables and two chests of calligraphy and paintings, and had moved out with her daughter. The place she had rented was a small compound with houses round a courtyard next to the Yi Garden.

（32）正是这女人被他背驮着了，**挨**在后边的抬着嫁妆的后生们，他们是可以一直不歇气地走到天边去，走到死去，他不觉劳累的。The lads back-packing the trousseau right behind are capable of walking to the ends of the earth without a rest; they could walk until the last day of their lives and they wouldn't feel the least bit tired.

（33）且不说她到了柳家做少奶奶是五魁不能正眼看的，即使她还在苟子坪做女儿，比五魁更魁伟的也更有钱的男人能**挨**着她一个指头吗？ Here is a woman whom he won't, once she becomes Young Mistress Liu, be able to look straight in the face. Huh! For that matter, even if she were still a maiden in Slacker Flat, richer and stronger men than he couldn't lay a finger on her.

……

（50）连他自己也觉着奇怪，为什么他能说得这么长，而且说得这么畅快。事情，一件**挨**着一件，全想由心中跳出来。事情自己似乎会找到相当的字眼，一句**挨**着一句，每一句都是实在的，可爱的，可悲的。The length of his narrative and his fluency surprised him. One episode after another leaped out of his heart, seeming of their own accord to find the right words. The sentences followed each other, down to earth, endearing and tragic.

从以上语料看，第 4 句中的“挨”表示“挤（入）”，第 29 和 33 句中的“挨”表示“碰、染指、侵犯”的意思。它们都是词典没有收录的新义项。

#### 3.4.1.2 基于SQL的索引行自动筛选

基于索引行分析方法的效率与索引行的噪音相关，简单的检索和索引存在明显的效率低下问题。简单的关键词检索会命中所有包含关键词的语料，多音词和多性词都会不加区别地以索引行的方式显示。那么有没有什么办法可以提高发掘新义项的效率呢？

可以肯定的是，对语料库进行标注能令索引更准确有效。经过词性标注的语料库可以在索引时有选择地提取不同词性的语料；经过语义标注的语料库在义项提取时有更大的优势。从理论上说，将语料库所涉及义项与词典义项进行比对后即可获得新的义项，但是由于语义标注在理论和实践两个方面都有难度，大多数语言目前都没有语义标注的语料库可供研究使用。

进行了句对齐的英汉平行语料库具有句对语义等值的特征，可以看作语义标注的一种特殊形式。通过 SQL 语言可以对平行语料库进行各种高级检索设定,能显著提高检索的效率。

还是以“挨”的检索为例,使用 SQL 定义不同的检索条件,得到的索引行也不相同。例如,“SELECT * FROM art1 WHERE chinese LIKE '* 挨 *'”[⑤] 得到所有“挨”的索引行,共 383 条记录;“SELECT * FROM art1 WHERE chinese LIKE '* 挨 *' AND tprocess = ' 汉译英 '”得到所有源语为汉语,目的语为英语的关于“挨”的索引行,共 138 条记录;“SELECT * FROM art1 WHERE chinese LIKE '* 挨 *' AND tprocess = ' 汉 译 英 ' AND english NOT LIKE '*close*'”有条件提取“挨”的索引行,当对应英语索引行中有 close 时不提取,共 129 条记录。

如果以“挨”(阴平和阳平)的各个义项的英文释义为参数,就可以有选择地提取语料,提高效率,凸显新义项。在语义标注语料库投入使用之前,SQL 高级检索是较为现实的、行之有效的方法。

### 3.4.2 义项的频度排序

常见的义项排序方法有历时排序法、频度排序法和逻辑排序法 3 种。它们各有利弊,但词典编写目的常会对排序有一定的要求。

频度排序法根据义项的使用度排序,不仅便于使用查检,而且也为义项的学习和教学提供了参考。如 token 表示 A piece of stamped metal used as a substitute for currency（代币）的义项较为常用,但在《美国传统词典》(2001) 中该义项排列第六,而其前的三个义项都不常用。《科林斯 COBUILD 高级英汉双解词典》(2009) 根据频度将“代币”的义项列为第三,方便了词汇学习和词义查询。语料库的统计功能为频度排序法提供了可靠的支持。

⑤ art1为语料库中数据表的名称。chinese以及下文的english和tprocess为字段名。

#### 3.4.2.1 平行语料库与频度排序

检索工具最基本的功能就是提供关键词索引，当关键词是多义词时，通过对索引行进行分析就可以确定各义项的使用频率。如果检索所涉及的语料库符合科学建库原则，语料具有代表性，那么在此基础上所做的检索和统计都是可靠的。

虽然对检索行逐句分析所得到的关于义项的结果最为可靠，但是由于其效率低，在面对大量的语料时往往难以进行，所以有必要设计纯人工分析之外的义项统计方案。

首先我们想到的是对语料库进行语义标注，从理论上说，语义标注语料库能为义项的频度排序提供统计信息。但由于目前语义标注语料库的缺失，理论和现实之间存有较大距离，根据现有语料库和技术进行义项研究显得尤为重要。

如前文所言，平行语料库具有对释的特征，可以看做语义标注语料库的一种特殊形式。如下面的语料：

(1)如果你遇到**问题**，不妨问问你信得过的人。If you have **questions**, take them to someone you trust.

(2)第一个**问题**倒容易回答。The answer to the first **question** is easy.

(3)今年，他在欧洲作巡回讲演，大谈特谈新千年的物种间交流，对科学与艺术如何交融提出了许多**问题**。This year, he traveled European scientific circuits talking about communication in the new millennium, posing **questions** about the merging of science and art.

(4)这个曾与鲸有过面对面交流的人在书中提了不下百个**问题**，如：“其它动物见了人类避之唯恐不及，为什么鲸类不会？” The man who has gone eyeball to eyeball with whales throws up a hundred **questions** as he writes, “Other animals flee from humans. Why don’t cetaceans?”

(5)这个节目的要求很简单——回答15个**问题**，如果全答对就可赢得一百万美元。The show's premise is simple—answer 15 **questions**, win a million bucks.

（6）我开始每天拨打电话，随着回答出的问题难度不断增大，我的心跳也不断加快，我自己也觉得很诧异。I started calling daily, surprised at how my heart quickened as each increasingly difficult trivia question was tossed my way.

（7）当我意识到这一点时，我已经杀到最后一组五个**问题**。Before I knew it I was down to my final set of five **questions**.

（8）**问题**一个接一个毫不留情地传来，都是关于总统丑闻、奥林匹克体操运动员、有线电视创办和黄金档法律剧目的鸡毛蒜皮**问题**。The **questions** came in relentless waves, trivia testers about Presidential scandals, Olympic gymnasts, cable-TV startups and prime-time legal dramas.

以上语料显示了"问题"与 question 之间的互释关系，从汉英翻译的角度看，可以将 question 看做"问题"的语义标注。

使用 SQL 语言可以对平行语料库中词汇间的互释关系进行检索和统计，从而为义项的频度排序提供依据。下面以"问题"为例来说明该方法的运作过程。

首先确定关键词"问题"的义项。据《现代汉语词典》(2006)，"问题"有 4 个义项，为了演示的方便，我们这里只选择前 2 个义项，即"需要回答的疑问"和"需要解决的困难"。

然后对各义项进行英文释译，可以参照汉英词典。第 1 个义项"需要回答的疑问"可以释义为"question"；第 2 个义项"需要解决的困难"可以释义为"problem; issue"。

接下来使用 SQL 语言在平行语料库中检索，并生成统计数据。针对"问题"的第 1 个义项，使用以下语句："SELECT * FROM art1 WHERE chinese LIKE '* 问 题 *' AND english LIKE '*question*'"，共

检索到匹配句对 913 条。针对“问题”的第 2 个义项，使用以下语句：“SELECT * FROM art1 WHERE chinese LIKE '* 问题 *' AND english LIKE '*problem*' OR english LIKE '*issue*'”，共检索到匹配句对 1502 条。

最后，根据统计数据进行义项的频度排序。对词目“问题”而言，收录于《现代汉语词典》(2006)的第 2 个义项比第 1 个义项使用频率更高，可以依照频度重新排序。

#### 3.4.2.2 基于 SQL 检索排序存在的问题

释义难以确定是目前面临的主要问题。在有些情况下，目的语中没有可靠的释义可供 SQL 检索使用。解释性释义不能运用于检索，对于汉英语言来说，汉语词汇在英语里的释义空缺也普遍存在。如：

内应 act in coordination with forces from outside（解释性释义）

单位（表示“工作的地方”）（释义空缺）

多个义项的释义交叉或相同使得 SQL 检索无法进行，如“兄弟”两个义项的释义为：①弟弟 younger brother ②称呼年纪比自己小的男子 brother。使用 brother 检索将会涵盖所有义项一的语料，语料的排他性不能得到保障。

还有一种情况，词典提供的或基于内省的释义词与语言的实际使用存在较大差异。此时，基于 SQL 的检索结果将会与实际情况不一致。虽然这种情况并不多见，但在进行 SQL 检索时要特别注意。

# 第四章　词典语料库建设研究

词典语料库指适合词典研编需要的语料库，有单语语料库、平行语料库和多语语料库之分。不同类型的语料库适合不同性质词典的需求，本书主要讨论单语语料库和适合双语词典研编需要的平行语料库的建设。

## ◆ 4.1 词典语料库的特点

词典语料库属于特殊用途语料库（specialized corpus），除了具有通用语料库（general corpus）的语料代表性、机器可读性和适当的规模等特征之外，词典语料库还具有自己的一些特点。

### 4.1.1 词典语料库的选材特点

词典语料库的选材与词典的类型相关，词典首先可以简单区分为普通语文词典和专业词典两种类型，因此词典语料库也可分类为通用词典语料库和专业词典语料库。通用词典语料库在选材上需要考虑各种语体的收录和比例，必须是一个平衡的语料库；专业词典语料库主要收录相关专业的语料，非相关专业的文本可以不收录，如为编写法律词典服务的语料库收录的语料应该以法律相关的文献为主。

词典有单语词典和双语词典之分。双语词典编写需要平行语料库的支持，在平行语料库的建设中，需要考虑语料的翻译过程。以英汉平行语料库为例，翻译过程可以是汉译英，也可以是英译汉。假设正在编写的是汉英词典，那么英译汉的语料，即原文是英文、译文是汉语的语料会更有价值。基于英译汉的语料可以挖掘更为地道的释义和例句。因此，为汉英词典服务的英汉平行语料库在设计语料比例时不能采取对分的方法，需要扩大英译汉语料的比例。

### 4.1.2 词典语料库的规模特点

词典语料库理想的规模是能覆盖在编词典的所有词条，并能提供合适的例句和充分的短语学信息。但是随着词条的增加，语料规模需要成倍扩大才有可能覆盖在编词典的词条。如果要达到提供合适例句和足够的短语学信息之目的，语料规模还需要成倍扩大。随着语料的扩大，随之会产生大量的冗余信息，与常用词目相关的典型释义、例句和搭配等会淹没在数量众多的命中语料中。这就是“规模的悖论”。绝对理想和合理的语料规模是难以获得的，现实的做法是在语料规模和效率之间求得平衡。例如在编写大型语文词典的时候，不应追求语料完全覆盖所有词条。虽然在理论上能做到这一点，但在实践中却很难行得通或者即使勉强做到也会得不偿失。可行的做法是建设能覆盖大多数词条的语料库，这样做不仅可以有效减少冗余信息，而且也可以大量节约人力和物力。

## ◆ 4.2 词典语料库建设

词典语料库的建设除了遵循通用语料库建设的一般规律之外，同时还要考虑词典研编的需要。不同类型的词典对语料库也有各自的要求，没有普适的语料库。

### 4.2.1 语料库建设的首要问题：代表性

语料库不是文本的简单集合。语料库的建设首先需要考虑语料库的代表性，语料库是否能服务于某个特定的研究目的。由报刊语料组成的语料库显然不适合对语言普遍特征的研究；单语语料库也不能很好地为双语对比研究服务。

虽然语料库的代表性至关重要，但是要想实现语料库的代表性并非一件易事。语料库的规模不论多么宏大，所收语料对于话语全域来说都是沧海一粟，所以试图通过无限制地扩大语料规模来实现语料库的代表性是不可取的。统计抽样原理揭示的一个事实是：符合抽样规律和原则的样本可以代表总体。我们可以将语料库选材视为抽样，那么只要抽样的方法得当，所选择的语料是可以代表话语全域的，也就是说符合抽样原则的语料库具有代表性，基于此种语料库的研究是可靠的。

为了确保抽样的可靠性，实现语料库的代表性，在语料库的规划阶段需要考虑以下主要问题。

#### 4.2.1.1 语料结构和组成

比贝尔（Biber，1993）认为代表性问题是选材的最基本问题，所选材料应该"囊括所研究对象的所有变量"。选材不具代表性，那么在此基础上所进行研究的科学性必然会大打折扣。

已经建成的大型语料库结构框架可以为新建语料库提供参考。以BNC为例，其选材分为书面语和口语两大部分。书面语的选材不仅来自于书籍、刊物、各类小册子，也有未出版的书信、文章、备忘录等等，甚至还有被书面化了的演讲词和剧本。而口语的选材范围之广也毫不逊色，来自英国38个不同地区，年龄在15到60岁间的男女为研究人员提供了长达2000个小时的录音。他们来自于各行各业，属于4个不同的社会群体（Kennedy，2000：50–54）。显然，研究者试图让选材"囊括所研究对象的所有变量"，而从某种意义上说，BNC也基本做到了这一点。有关BNC结构详情，参见肯尼迪（Kennedy，2000）和迈耶（Meyer，2004）的专著。

在通用语料库的建设中，韩礼德（Halliday）的语域（register）理论及分析方法得到了不少学者的倡议，例如比贝尔（Biber，1993）。BNC的内部结构分类虽然略有不同，但与语域理论所倡导的方法并无本质区别。BNC对书面语料的分类考虑了3个参数，即主题类别（subject area）、载体（medium）和时间（time）。语料首先被分为信息型（informative）和想象型（imaginative）两类，然后再根据学科类别进行细分。例如信息型被细分为了纯自然科学、应用科学、社会、时事、艺术、思想和休闲等子类别。而载体和时间分别界定了语料的来源（比如书籍或期刊等）和出版时间（Halverson，1998）。

我国学者认为语料库如同一个“四维模型”，应由“时间轴”、“空间轴”、“学科轴”和“风格轴”组成（张普，1999）。

虽然BNC在结构组成上已经比较合理，但是仍然有不少遗漏。书后附录三是BNC遗漏语域（包括口语语法或和书面语域）的详细情况（Lee, 2001），可供通用语料库建设时参考。

语料的结构和组成与语料库的代表性息息相关，在通用语料库开始建设之前，对所涉语言的语体和结构进行分析是抽样的前提条件之一。抽样不仅需要样本类型的信息，也需要样本比例的信息。这些知识只有在对语言进行分析后才能获得。

#### 4.2.1.2 语料库及样本大小

在语料库的设计阶段，不仅需要考虑语料库的总容量，也要考虑单个文本的大小。

直到上世纪70年代，100万词的语料库就算是“大型”的了，这与当时的计算机存储和计算能力相关。随着计算机技术的飞跃发展，当今的语料库规模已经没有限制，即使对于数亿词次的超大型语料库（mega corpus）来说，检索也会在数秒之内完成。

以布朗语料库和LOB语料库为代表的第一代语料库总容量都是100多万词次，从今天的眼光看，这些小型语料库具有一些明显不足。

第一，由于库容量较小，难以反映语言的总体特征，特别是词汇方面的特征，难以开展词汇、词汇语义、词典学等方面的研究。图4–1是使用WordSmith 5的WordList功能生成的布朗语料库基本统计数据。统计数据显示布朗语料库共有形符1 200 428个，类符42 654个。WordSmith的frequency功能可以显示类符的使用频率（图略），结果显示使用频率大于 3 次的类符有 19 764 个，大于 10 次的仅有 8415 个。常用词汇 acquire、acknowledge 的使用频率为 2 次，而 vaccine、update、toil 等词汇的使用频率仅为 1 次。

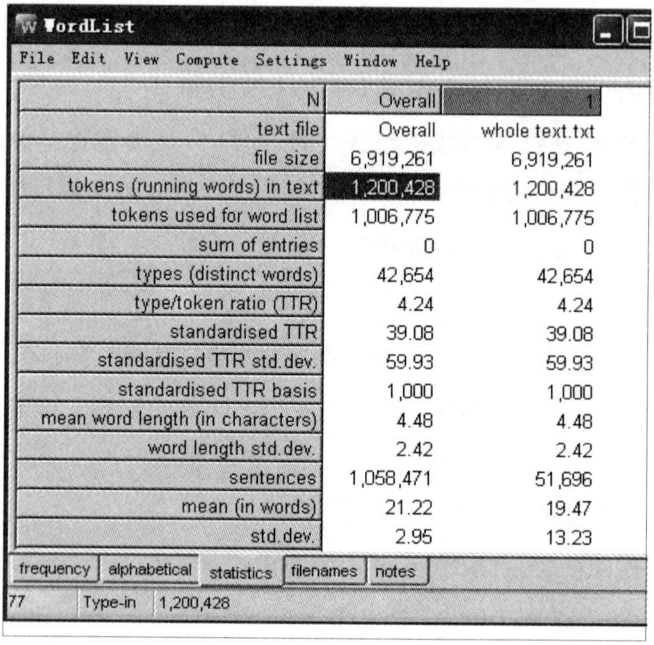

WordList

File Edit View Compute Settings Window Help

| N | Overall | 1 |
|---|---|---|
| text file | Overall | whole text.txt |
| file size | 6,919,261 | 6,919,261 |
| tokens (running words) in text | 1,200,428 | 1,200,428 |
| tokens used for word list | 1,006,775 | 1,006,775 |
| sum of entries | 0 | 0 |
| types (distinct words) | 42,654 | 42,654 |
| type/token ratio (TTR) | 4.24 | 4.24 |
| standardised TTR | 39.08 | 39.08 |
| standardised TTR std.dev. | 59.93 | 59.93 |
| standardised TTR basis | 1,000 | 1,000 |
| mean word length (in characters) | 4.48 | 4.48 |
| word length std.dev. | 2.42 | 2.42 |
| sentences | 1,058,471 | 51,696 |
| mean (in words) | 21.22 | 19.47 |
| std.dev. | 2.95 | 13.23 |

frequency alphabetical statistics filenames notes

77 Type-in 1,200,428

**图 4-1　WordList 生成的布朗语料库基本统计数据**

由于语料规模小，大多数词汇的使用频率较低，某些词汇的基本义项都难以包括，更谈不上发掘新义项以及根据统计值进行义项排序研究了。出于同样的原因，与短语学相关的研究，如搭配语义和语义韵研究等都难以进行。

第二，对于小型语料库来说，某些类型的文本必然具有数量不足的缺点。在这种情况下，单个文本的某些语言特征会对总体语言特征的评估产生不恰当的影响。例如某小型语料库收录体育类语料共 20 000 词次，检索显示 horse 是最常用的实义词，使用频率是另一个常用词 ball 的 3 倍。但是 horse 一词都来自于同一篇关于赛马的文章，这篇文章较长，占了总词次的一半。很显然，基于失衡的语料所做的词频统计也是不可靠的。

那么语料库的规模有没有一个最低要求呢？

语料库的规模与研究目的相关，某些特殊用途语料库，例如以英语句型研究为目的的语料库只需要数十万词次就足够了。但是以研究语言总体特征为目的的通用语料库就需要更大的规模。辛克莱认为1000至2000万词次的语料库虽然“有用”，但其规模还不能够满足为语言提供可靠的总体分析（Sinclair，1991：20）。他还认为，即使是数亿词次的语料库也不能够为某些词汇提供足够的信息（Sinclair，1991：9）。肯尼迪（Kennedy，2000: 67）也注意到，在100万词次的语料库中，有40—50%的词汇只会出现一次。大多数多义词所涉及的义项也只有一次收录。

词典语料库的研究目的是词汇研究和词典编纂，只有超大型语料库才能满足普通语文词典研编的需要。PECC有汉语词次约1000万，从使用的过程中可以看出，该语料库能满足汉英词典编纂时常用词汇的编写需要，但对于不常用的词汇来说，语料规模明显不够。

但是由于“规模悖论”的存在，语料库的规模并不是越大越好。在语料库建设时，要特别小心“收益递减率”(the law of diminishing returns)。

对英语语料库的研究发现，在1亿词次的语料库中有8000个词汇的检索命中索引行超过1000个，而这8000个词汇占语料库总形符（token）的95%左右。（Kennedy，2000：68）可以想见，过剩的索引行淹没了有用的信息，同时给全面系统的分析研究带来了困难。

我们认为在研究的初级阶段或者对词典编纂的第一期工程来说，不应该仓促建设超大型的、囊括所有语体的语料库。研究应该从可操控的小型语料库开始，在理论研究进一步成熟之后，再考虑扩大语料库。正如比贝尔（Biber，1993）所说的那样，“理论研究是必要的，它必须走在语料库设计的初始阶段，在正式开始选择语料之前。”词典语料库的建设可以从小型的、涵盖主要语体的核心语料库开始，随着理论研究的深入，逐渐扩大语料库的规模。

对语料库大小的讨论还包括单个样本的大小。第一代语料库，如布朗语料库和LOB语料库的单个文本字数是2000个词左右，有些文本是全文收录，有些是部分收录。对长文本进行删节是为了保持各语体语料规模的平衡，有些长文本字数可达数万或数十万字。对于100万词次的语料库来说，全文收录长文本会造成文本数量的失衡。但是由于文本的重要语言特色有可能在文首或文尾体现，对文本的删节会影响语料的真实性。

单个样本的大小目前也没有定论。比贝尔（Biber 1990）对55对来自于LOB语料库和伦敦–隆德英语口语语料库（London–Lund Corpus of Spoken English，简称为LLC）的样本语料的10个语言特征进行研究后发现：单个文本的字数在2000至5000之间就可以客观反映文本自身的特色。奥斯代克（Oostdijk，1998）认为2000字的单个文本标准过于苛刻，单个文本的字数可以允许达到20 000字。

我们认为，对于几百万词次的小型语料库来说，仍然有必要从确保文本数量的角度出发对长文本进行删减。但对于几千万甚至几亿词次的大型语料库来说，除了长篇小说的收录需要删减之外，其他体裁的文本应该全文收录，只有在极端的情况下才考虑删减文本的字数。

#### 4.2.1.3 抽样方法

抽样是从总体（population）中按一定方式选择样本（sample）的过程。抽样的目的是为了实现“由部分认识总体”。假设我们要建设一个莎士比亚戏剧汉译文本语料库，就不存在抽样的问题，因为这里的总体是有限总体（finite population），这样的语料库建设也相对比较简单。但是在大多数情况下，我们都需要面对从总体中抽取样本的问题。我们希望选择的样本具有代表性，通过对总体中抽取的这部分样本的研究达到了解总体特征的目的。语料库建设涉及的总体，例如汉语全域、汉语散文等，基本上都是无限总体（infinite population）。这种情况下，科学的抽样方法是保证样本代表性的关键所在。

抽样分为非概率抽样和概率抽样，两者具有本质的区别。非概率抽样主要依靠人们的主观意愿，或者是否方便等来选择样本，它不遵守抽样中的等概率原则，因此常会产生很大的误差，不能够保证样本的代表性。而概率抽样依据概率论的基本原理，按照随机原则选择样本，避免了抽样中的人为因素，能够保证样本的代表性。由于非概率抽样的主观性，语料库建设中一般不会使用，这里不再赘述。概率抽样是语料库建设中的常用方法。

**抽样设计的原则**

美国著名学者科什（Kish）指出好的抽样设计必须满足 4 个标准，它们被后人看作抽样时的 4 条原则，即目的性原则、可测性原则、可行性原则和经济性原则（科什，1997：25–28）。

目的性原则要求在抽样设计时，必须以课题研究的总体方案和研究目的为依据，从研究的核心问题出发，以最利于研究材料的获取、最符合研究目的为原则来确定抽样方案和抽样方法。

可测性原则要求抽样设计能依据样本计算出有效的估计值或抽样变动的近似值。

可行性原则顾名思义指的是抽样设计在实践中是可行的。由于理论上的设计和实际中的执行并不是一回事，可行性原则也是抽样设计的重要标准。

经济性原则要求抽样设计考虑可用资源和经费，最大限度地节约人力和物力。

值得注意的是，以上 4 条原则有相互制约的关系，有时甚至会发生冲突。目的性原则和可行性原则是基本的，在抽样设计中必须优先考虑，在此基础上，再考虑可测性和经济性。

**抽样的步骤**

虽然抽样的具体步骤不尽相同，但通常都有以下关键的几步：界定总体、制定抽样框、决定抽样方案、抽取样本和评估样本质量。

界定总体是抽样工作的第一步。总体指的是统计研究对象的全体，总体必须由足够多的个体构成，个别或少数的个体不能构成总体。界定总体是在具体抽样前对本次抽样总体进行具体定义，以确定总体的范围，它是科学抽样的前提。如果总体范围界定不当，会抽取出严重缺乏代表性的样本来。

第二步则是制定抽样框，也就是根据已经明确的总体范围，收集总体中全部抽样单位的名单，然后对名单进行编号的过程。例如，如果要对某学校英语专业高年级学生的听力能力进行调查，那么首先要界定什么是"英语专业高年级学生"，然后就是收集所有"英语专业高年级学生"的名单并编号，形成一个即不重复也无遗漏的总体名单，即抽样框。

在实际抽样中，抽样有时需要分几个阶段，这时就需要分别制定几个不同的抽样框。例如调查中国高校英语专业高年级学生短语动词的使用情况与母语使用者的区别，需要分阶段进行抽样。首先需要从所有大学中抽取一定数量的样本，比如说 10 所，然后再从中抽取一定数量的班级，最后抽取具体的学生。

制定抽样框之后就需要决定抽样方案。常用的抽样方法有简单随机抽样、分层抽样、等距抽样和聚类抽样等几种，它们都有各自的特点，下文将详细介绍。出于不同研究目的的语料库，在抽样时所涉及的抽样方法也有区别。

接下来是抽取样本。实际抽取样本的工作并不复杂，但需要在完成上述步骤的基础上才能进行。抽取样本的关键是要严格按照所决定的抽样方案，从抽样框中抽取一个个的样本。

样本质量评估是抽样的最后一步，是抽样过程不可或缺的一部分，实际抽取样本的工作结束后还需要对样本的代表性以及偏差等做初步的检验和衡量。一旦发现偏差过大，需要调整抽样方法，重新抽取样本。

在实践中，研究者通常使用比较法来评估样本的质量。具体方法是将总体的某些特征与样本进行对比，如果两者区别不大，则反映了样本的质量较高；反之，则说明样本的代表性存在问题。以词典语料库为例，我们可以利用现有汉语词频研究的成果来检验语料库汉语样本的代表性。方法如下：分别选择20个高频词和20个低频词，如果在词典语料库中对上述词汇的检索结果与之相符，则说明该语料库样本的代表性较好；如果高频词和低频词界限模糊或颠倒，则说明样本的代表性不足。

**概率抽样方法**

前文提到了几种常用的抽样方法，这里我们将详细介绍各抽样方法的特点及实施方案。

简单随机抽样也称为纯随机抽样，它是严格按照随机原则，从总体中抽取样本的方法。抽签法就是随机抽样的一种，但当总体较大时，抽签法常难以进行，单是写号码的工作量就很大。当总体数量较大时，简单随机抽样可以使用随机数表法（随机数表见附录四）。具体步骤如下：

（1）确定总体。例如2000年至2010年的《人民日报》共3650份。

（2）确定样本规模。设为100份。

（3）对总体进行编码。将3650份报纸按日期编码为0001—3650。

（4）从随机数表上选择数码。假设从92459开始，可选数码依次为：46807、00742、98068、05715、91914、30368、76830、01471等。

（5）抽取样本。因为总体是4位数，所以采用4位数码。即第一个数码为9245，依次为9468、0700、7429、8068、0571、5919、1430、3687、6830、0147等。剔除大于3650的数字，直到选满100个数码为止，将数码对应的报纸选出作为样本。

随机抽样不仅简单、易操作，而且获得有代表性样本的概率也较高。

分层抽样是将总体中所有个体按照一定的标志划分为若干个层，然后从各层中抽取所需样本数的方法。语言是一个复杂的系统，各种特定的文体本身也不是以单一的形式存在着。例如传媒语言可以分为新闻报道、特写和评论等，而且这些大的类别又有更具体的分类。因此要建设传媒英语的语料库，在抽样的时候，首先要考虑分层抽样。设计和实施分层抽样时有以下要求：

第一，选择恰当分层标志。以特写文章为例，当我们对特写文章进行分层抽样的时候，我们依据新闻价值又将特写分为新闻性特写、趣味性特写和实用性特写。这里的新闻价值就是分层标志。选择分层标志一定要遵循同质的原则，选择最能反映总体属性和特征的标志作为分层的依据。

第二，合理配置层间样本。配置层间样本有两种方法：等比例配置和不等比例配置。等比例配置样本是指样本在各层中的配置比例与该层在总体中所占的比例相同。例如在对新闻英语的分层抽样中，我们抽取了120个特写样本，下表就是等比例配置：

**表 4-1　等比例层间样本配置**

| | 新闻性特写 | 趣味性特写 | 实用性特写 |
|---|---|---|---|
| 总体各层比例（%） | 50 | 35 | 15 |
| 样本各层等比例（%） | 50 | 35 | 15 |
| 样本分配数 | 60 | 42 | 18 |

分层抽样的不等比例配置是指样本在各层中的分配比例与各层所占总体的比例不相同。实际操作时选择何种配置方法要看总体中各层分布的比例是否均匀。一般说来，如果各层在总体中所占比例差距较小，用等比例样本配置较为合理，它能确保样本的代表性。但当各层在总体中所占比例相差悬殊时，如果按等比例配置势必造成所占比例小的层或类被抽中的机会少，而占比例大的层或类被抽中的机会多，其结果会因样

本过于偏颇而影响了样本的代表性，此时可以考虑不等比例抽样。

等距抽样又被称为系统抽样或机械抽样，是将总体中所有个体顺序排列后，首先按随机原则，抽取第一个样本个体作为起点，然后再每隔相等的距离来随机抽取其他样本个体的方法。掌握等距抽样要做好排列顺序和抽选间隔的设计。

等距抽样排列可以根据有无标志分为有关标志排列和无关标志排列。所谓有关标志排列，就是按与调查项目有关的标志进行排列。这种设计方法在实际操作中很少使用，因为在语料库选材时难以确定与调查项目有关的标志，所以按与调查项目毫无关系的标志排列，即无关标志排列是常用的方法。如按出版日期抽取新闻报道文章的做法。

抽选间隔需经过计算得出。假如要建立一个新闻英语小型语料库，准备从《纽约时报》三年（共 1095 天）的所有文章中选择头版新闻 15 篇，即 $N=1095$，$n=15$，抽选间隔为：$K=N/n=73$ 天。

聚类抽样与分层抽样类似，它也是先将总体分为不同的分总体，但抽样方式不同。使用分层抽样时，需要从所有分总体中抽取样本；聚类抽样需要将性质类似的分总体聚类在一起形成聚类体，样本从聚类体中随机抽取。

在设计抽样时，有时会遇到总体中个体数量太大或分布范围过于广泛而无法得到所有成员信息的情况，此时可使用聚类抽样。例如在建设词典语料库时需要建立现当代汉语散文子语料库，但是我们无法获得所有样本的信息，简单随机抽样和分层抽样都难以进行。为了能成功抽样，我们可以将现当代散文家视为聚类体，采取聚类抽样的方式来选取样本。

聚类抽样的步骤如下：

（1）确定总体。假设资料记载现当代汉语散文有 10 000 篇。

（2）确定抽样规模。设为 1 000 篇。

（3）界定聚类体。以散文家为聚类体，共 100 个。

(4) 估计聚类体的平均个体数量，据此确定聚类体数。聚类体平均个体数为 10000/100 = 100，为了抽取 1000 篇样本，需要聚类体 1000/100 = 10 个。

(5) 使用随机数表选择 10 个样本聚类体，即 10 个散文作家的散文。

聚类抽样能显著节约人力和物力，但也具有所选择样本不一定均匀、代表性差的缺点，使用此方法之前要充分分析可能的缺陷，并通过其他措施尽量避免。例如，可以通过增加聚类体数量来增加样本的代表性；或者采用多阶段聚类抽样（multi-stage cluster sampling），如对散文家的作品按“早期作品”、“中期作品”和“晚期作品”分为 3 类，则 10 个聚类群又可细分为 10×3 = 30，此时的聚类抽样要求按照不同时期和不同聚类群抽取样本各 100/3 = 34 个。

**小结**

需要注意的是，任何抽样都不能保证样本完全代表总体，只不过在样本足够大时统计值会接近参数值。抽样过程中不可避免的误差称为抽样误差（sampling error）。但是不能由于抽样误差的存在而否定抽样的价值和可信性，同时也不能因为抽样误差的存在而忽视抽样方法。不遵守抽样方法造成的误差不是抽样误差，在统计学上称之为抽样偏差（sampling bias），它不是由于抽样机遇而导致的，而是研究者的失误造成的。抽样偏差源于非概率抽样，是研究者的主观抽样，最常见的是简单抽样（convenience sampling）。简单抽样时研究者不对抽样进行科学设计，只是根据获取样本是否方便来选择样本。例如，在词典语料库的建设中，根据网上能找到的英语报纸和刊物来建设报刊子语料库的方法。

简单随机抽样是最常用的方法之一，但是笔者认为在语料库的选材中不能单独使用。因为语言材料内容丰富，涉及人文、自然和社会生活的方方面面，语言现象本身又十分复杂，简单随机抽样常难以进行。词典语料库的建设需要将多种抽样方法合并使用。等距抽样设计操作简单，工作量小，非常适用于经验较少或未经培训的调查者使用。在抽样调查中，当没有现成的抽样框确定样本数时，如果能保证样本是以随机方式，按无关标志排列的，那么这样的等距抽样不但近似于纯随机抽样，而且抽样过程简单，误差小，代表性强。分层抽样最大的优点就是能够提高样本的代表性，由于文本的异质性，它是语料库建设中必须使用的方法。在语料库的建设中应该将等距抽样和分层抽样两种方法有效地结合起来，先用分层抽样方法确保样本的代表性，再用等距抽样方法抽取最终的样本。

#### 4.2.1.4 样本的规模

样本规模指的是样本中所含个体的数量。统计学中把包含 30 个或以上个体的样本称为大样本，大样本是抽样分布接近正态分布的前提。但是对于语言研究来说，30 个个体的样本显然是不够的。由于文本具有主题、风格、时间等差异性，语料库建设所需的文本数量与统计学的大样本不是一个概念。语料库建设需要的文本个体数量要大得多。

人们通常都用下面的公式来计算随机抽样时的样本规模：

$$n = \frac{t^2 \times \sigma^2}{e^2}$$

公式中的 $t$ 为某个置信度（置信水平）所对应的临界值，σ 是总体标准差，$e$ 为抽样误差。置信度可以事先设定，然后从正态分布表中查出对应的临界值，如 95% 的置信度对应的临界值 $t = 1.96$；抽样误差也可以事先设定，比如 1；但是总体标准差常常难以得到。因此，在实际抽样中，我们通常无法使用上面的公式。基于前人的经验和以往的统计资料，研究者发现可以通过推论总体成数的规模来估计样本的规模，计算公式如下：

$$n = \frac{t^2 \times p(1-p)}{e^2}$$

其中，$p$ 为总体的成数（或百分比），$t$、$e$ 同上。在总体成数无法获得的情况下，研究人员注意到，$p(1-p)$ 在 $p = 0.5$ 时达到最大值，因此，即使在成数未知的时候，我们也可以取 $p = 0.5$，此时 $p(1-p)$ 为最大值，可以确保样本规模足够大。当 $p = 0.5$ 时，$p(1-p) = 0.25 = 1/4$，上面的公式可以修改为：

$$n = \frac{t^2}{4e^2}$$

下表是使用上述公式，在 95% 的置信度条件下计算出的不同抽样误差所需的最小样本规模（为了计算的方便，取 $t = 2$）。（风笑天 2009：149）

**表 4-2　95% 置信度条件下不同抽样误差所需的样本规模**

| 容许的抽样误差 $e$（%） | 样本规模 $n$ | 容许的抽样误差 $e$（%） | 样本规模 $n$ |
|---|---|---|---|
| 1.0 | 10 000 | 6.0 | 277 |
| 1.5 | 4 500 | 6.5 | 237 |
| 2.0 | 2 500 | 7.0 | 204 |
| 2.5 | 1 600 | 7.5 | 178 |
| 3.0 | 1 100 | 8.0 | 156 |
| 3.5 | 816 | 8.5 | 138 |
| 4.0 | 625 | 9.0 | 123 |
| 4.5 | 494 | 9.5 | 110 |
| 5.0 | 400 | 10.0 | 100 |
| 5.5 | 330 | | |

上表依据的是简单随机抽样，对于多阶段复杂抽样来说，样本规模还需要进一步扩大。语料库建设时的抽样需要根据文本类型、时间、主题等进行分层抽样，然后再进行等距抽样或随机抽样。为了达到科学的样本规模，上表的样本规模数值还需要乘以设计效应（design effect），通常的值为 1.8。也就是说，为了达到 95% 的置信度，当容许抽样误差为 1 时的样本最小规模为 18 000 个。

### 4.2.2 语料库建设及检索系统开发的必要性

由于英语语料库及词典编纂工具的开发应用已经较为成熟，本节及后续章节所讨论的主要是汉英双语词典的编纂系统及其相对应的平行语料库的开发。

语料库在词典编纂（自动化）中的作用毋庸置疑，但对于汉英双语词典编纂来说，目前主要存在两大问题。第一，没有为双语词典编纂而专门设计和建设的英汉双语平行语料库。国内外已建成或在建不少语料库，其中也包括英汉平行语料库，但语料库的建设目的各不相同。以汉英双语词典编纂为目的的平行语料库应该有自己的特点，但至今还没有这方面的研究。第二，没有可供英汉双语检索使用的检索软件。语料库的检索软件有 TACT、WordSmith 和 ParaConc 等，但是前两种软件不能进行汉英双语对齐，ParaConc 软件虽然可以支持双语检索，但要使用该软件，研究人员首先必须要进行双语语料的手工对齐，这就严重影响了该软件的实用性。另外，此软件的编写并不是以词典编纂为目的，因此无法满足词典研编的特殊需求。

鉴于以上情况，汉英双语词典编纂系统在研制的过程中需要本着以下研究目的来进行：

第一，建设适合汉英双语词典编纂的英汉语平行语料库。在对现有双语平行语料库，特别是英汉语平行语料库进行充分研究的基础上，从结构、规模、选材、对齐方式等多方面考虑建设英汉语平行词典语料库。

第二，编写适合英汉语检索的计算机软件。该软件要具有KWIC（key word in context）功能，能以汉语关键词为检索单位在平行语料库中进行自动检索和记录抽取；要具有显示上下文（语境）信息的功能；要具有显示超文本等辅助信息的功能；要具有一定的统计功能；要具有适合词典编纂需要输出词典数据的功能等。

第三，开发研制英汉语自动切分对齐软件。英汉双语的自动对齐虽然目前还不能完全实现，但开发辅助的对齐软件再结合一定的人工干预比单纯的手工对齐要节约大量的时间。根据词典编纂的需要和目前的技术条件可以分别开发出具有英汉语句、段对齐功能的相关软件。自动对齐软件对平行语料库的建设具有不可或缺的作用。

### 4.2.3 词典语料库的建设步骤

通用语料库的研制开发通常分为5个阶段：规划、设计、选材、建库和加工。词典语料库的建设一般也需要经过这几个阶段。词典有不同的类型，与之相适应的词典语料库也不能千篇一律。本文主要介绍英汉平行语料库（PECC）的建设。

英汉平行语料库的建设分为5个步骤，在语料库的建设中充分考虑了双语词典研编的需要。

#### 4.2.3.1 规划

语料库的建设都有一定的目的和用处，正是目的和用处决定了语料库的类型和规模。沃克（Walker，1991）将语料库分为四种类型：异质型（heterogeneous）、同质型（homogeneous）、系统型（systematic）和专用型（specialized）。如果我们笼统地划分，那么语料库有两类：通用语料库和专门语料库。此外，根据语料库所收语言的不同又可以分为单语语料库、双语语料库和多语语料库。对于双语语料库和多语语料库来说，又有平行（parallel）语料库和可比（comparable）之分，下面我们以英汉双语语料库为例来看一下它们之间的区别。

**表4–3　平行语料库与可比语料库**

<table>
<tr><th colspan="2">语料库类型</th><th>组 成</th></tr>
<tr><td rowspan="2">平行<br>语料库</td><td>单向平行</td><td>英语语料以及由英语语料对译成的汉语语料，或者是汉语语料以及由汉语语料对译成的英语语料。</td></tr>
<tr><td>双向平行</td><td>英语语料、对译的汉语语料以及相同体裁的汉语语料和对译的英语语料，或者反之。</td></tr>
<tr><td colspan="2">可比语料库</td><td>非对译关系的某种类型的英语文本和相同类型的译成英文的汉语文本，或者反之。</td></tr>
</table>

PECC的研制目的是为双语词典服务，特别是为汉英词典的编纂服务，因此属于专门语料库。由于双语平行语料库提供了汉英语言在词

汇、句子和句段等多方面的对应关系，对与词典编纂息息相关的词目释义、配例、文化局限词的处理等都有单语库无法比拟的优势，所以我们将PECC定位为英汉双语平行语料库。

语料库的建设是巨大的系统工程，稍有不慎就会造成巨大的人力和物力的浪费。比贝尔认为语料库建设应该采取循环模式（cyclical fashion），就是说在初步理论研究和调查之后，开始搭建语料库的一部分，然后再进行理论研究和调查，接着继续搭建语料库（Biber，1993）。该观点也得到了霍尔沃森（Halverson，1998）等人的认同。我们也认为，在英汉平行词典语料库的建设中，初始阶段不应求大求全，因为还有许多理论问题尚待解决。我们可以选择某些体裁作为核心语料（例如报刊文章、散文和小说），依照科学的统计抽样方法，先搭建一个核心语料库，在目前的人力和物力条件下，这是完全可行的。从单向平行做起，在条件成熟之后，再着手进行语料库的扩展和双向平行语料库的搭建。

#### 4.2.3.2 设计

从词典的功能来看，词典可分为百科辞典和语文词典，普通用处词典和专门用处词典，积极型的编码词典和消极型的解码词典，学术词典和教导词典等。从时间上来看，又有历时词典和共时词典之分。从目前的实际条件和已有的研究来观察（Teubert，2001），要建设一个适合所有类型词典编纂的语料库还不现实。上文谈到PECC将建设成为英汉双语平行语料库，主要是为双语词典，特别是为汉英词典的编纂服务。就汉英/英汉双语词典而言，至少有下面4种不同性质的词典：

积极型的英汉词典——供英文用户用中文编码使用（如英译汉）

消极型的英汉词典——供中文用户解码英文使用（如阅读英文）

积极型的汉英词典——供中文用户用英文编码使用（如汉译英）

消极型的汉英词典——供英文用户解码汉语使用（如阅读汉语）

词典编写要有明确的、单一的目的，不能将同一部词典定义为编码和解码并重。词典编写目的不明确早已受到语言学家和词典学家的批评（Al-Kasimi，1983：21–22）。从实际使用情况来看，目的不明确也严重影响了词典的质量。为了让语料库更好地为词典编纂服务，在语料库设计阶段必须思考以下问题：

（1）语料库为汉英还是英汉双语词典编纂服务？

（2）如果主要目的是为汉英词典编纂服务，那么是什么类型的汉英词典？解码词典，还是编码词典？

（3）语料库是单向平行还是双向平行？

（4）如果以单向平行为主，那么是以英语为源语还是以汉语为源语？

（5）语料库应该包括哪些语体的文本？要不要收集口语语料？

（6）语料库要建多大？该如何分配各语体的数量？对于单篇文本来说，是全文收录还是按一定的字数收录？

（7）平行语料的对齐方式如何？句对齐还是段落对齐？

第一个和第二个问题还是与语料库的建设目的相关，本语料库建设的目的是为汉英编码词典服务，并且立足于通用型语文词典。那么，为汉英编码词典编纂与研究服务的语料库应该有哪些特点？首先，对于汉英编码词典的研编来说，以英语为源语对译成汉语的平行语料库（E–C）在很多方面要优于以汉语为源语对译成英文的平行语料库（C–E）。因为E–C提供的英文语料都是以英语为母语者的创作，有助于词典使用者生成地道的英文文本。C–E中的英文都是由汉语对译而成，受到译者翻译水平、翻译风格等多方面的影响，C–E语料中的英语只能作为汉英编码词典的参考和补充。其次，汉英解码词典可以用解释性的语段对汉语词目进行释义，而这种释义对编码词典来说却毫无用处，编码词典应该力求寻找一个对等译词，而这对语料库的规模就提出了一定的要求。再次，一些汉语里特有的文化词汇和政治词汇（例如“三个代表”、“五讲四美”）在E–C中往往无法找到对等的说法，或者即使有对等的译法却由于某些原因而不可用[⑥]，这时就需要 C–E 的支持。因此，PECC 可采用英汉平行语料库（E–C）为主，汉英平行语料库（C–E）为辅的原则；目前暂以单向平行为主体，以双向平行为辅助，在必要的时候（比如拓宽语料库的用处）再进一步全面拓展为双向平行语料库。

第五组和第六组问题其实就是语料库的代表性问题。语料库的典型性和代表性是研究的基础。

语料库的对齐方式现在有多种，其中被广泛采用的是句对齐和段落对齐。句对齐应该是比较理想的对齐方式，但由于目前技术的限制，还无法实现句对齐的自动化，所以段落对齐可视为句对齐的补充。对于 PECC 来说，散文语料我们采取句对齐的方式，小说语料和报刊语料我们采取段落对齐的方式。

#### 4.2.3.3 选材

PECC 目前的语料来源主要有报刊、小说、散文、政论文、百科知识 5 大部分，其中英译汉语料占 60%，汉译英语料占 40%。PECC 各子库的字数分配情况如下表：

**表 4–4　PECC 各子库的字数分配情况**

| 库名称 | 所占比例（%） | 英汉（E–C）的比例（%） | 汉英（C–E）的比例（%） | 总字数（万） |
|---|---|---|---|---|
| 报刊子库 | 30 | 25 | 5 | 300 |
| 小说子库 | 30 | 20 | 10 | 300 |
| 散文子库 | 20 | 10 | 10 | 200 |
| 政论文子库 | 10 | 0 | 10 | 100 |
| 百科知识子库 | 10 | 5 | 5 | 100 |
| 总计 | 100 | 60 | 40 | 1000 |

PECC 的样本主要有两个来源：正式出版物（主要是小说和散文部分）和网络（主要是报刊部分）。

⑥　例如“解放前”、“台湾问题”等，英文原文中常用before communist takeover和Taiwan Issue，和我们的译法before liberation（before the founding of the PRC）和Taiwan Question不同。

PECC 的语料时限为现当代。以汉语为源语的（C–E）小说和散文语料选自五四运动以来的白话文文本；以英语为源语的（E–C）小说和散文语料选自 18 世纪以来的文本，18 世纪有“散文世纪”之称，在英国文学史上是新古典主义中后期，从英语的发展史上看，18 世纪后的英语属于后期现代英语。对于报刊语料来说，由于其特殊的时代性，所以选材力求时新，目前的样本都来源于 2003 年以后的报纸和刊物。政论文选择的主要是汉英语料，由于中国政治文化的特殊性，英语政论文的适应度不高，汉语政论文及其英译能更好地适应汉英词典研编的需要。

对于单个语料样本，一般全文收录，除了脚注、译注和尾注之外，标题、副标题和正文中的小标题也不加删节。

对于与语料相关的超文本信息，一般收录作者、译者、出版时间、出版社、文体、翻译过程等辅助信息。

#### 4.2.3.4 建库

语料库样本被确定之后，下一步要做的就是建库，即将各种形式的文本转化为可供计算机检索软件处理的数据库。建库有以下步骤：

**文本输入**

首先收集样本的电子文稿，目前英语新闻和小说都易于找到电子稿及其对应的汉语译文，因此这一部分可以不用手工输入。对于没有电子稿的语料样本，手工输入是不可避免的。我们的手工输入采取以扫描为主、键盘输入为辅的方法。汉语扫描使用“汉王”OCR 软件，英文使用 OmniPage 专业版 OCR 软件。这两种 OCR 软件的正确率都在 95% 以上。手工键盘输入虽然较慢，但优点之一就是在输入的同时可以进行英汉语的句或段的对齐，此举不仅省去了后续的对齐操作，而且对齐准确率极高。如果时间和人力允许的话，这是个不错的选择。

文本输入后以 RTF（Rich Text Format）格式储存，暂时不转化为其他格式，如纯文本格式。因为 RTF 格式可以保存原文本的格式信息，如加粗、下划线等。保留这些信息可以为日后的研究提供更多的空间，因为或许某些用处目前还不为我们所知。我们认为在语料库的建设中，保留一个没有经过任何加工的、干净的、与原文一致的文本数据库是非常有益的。一旦文本经过了加工处理，有些信息就会永久丢失。

**校对和编辑**

扫描输入目前无法保证百分百准确，例如英文的字母 e 常被错误识别为 c，汉语的“日”和“曰”也常会被误判。由于识别软件的差异，不同的软件在识别时会产生不同的错误，但是同一种软件的识别误差总是相同的。在完成一定数量（例如 5 万个字）的文本扫描和识别后，可以对该扫描识别软件的特性进行分析，重点是归纳识别误差。如某个识别软件的汉语识别常误识下列几组汉字：使–便，间–问，都–部，日–E1。

对识别误差的归纳有助于针对性地进行修改，不仅可以提高效率，也会提高文本的正确率。

另外，扫描输入的文本有大量多余的手工换页符和硬回车符，这些都需要改正。文本在扫描输入的同时也丢失了原文的一些格式信息，这些信息在校对阶段也需要复原。

电子文稿也需要校对，来自于不同渠道的电子文稿有时比自己扫描的文稿还要有更多的错误，这是因为许多电子文稿也是通过扫描而成，而且常常在扫描后没有进行认真的校对。

编辑采用微软的 Microsoft Word 软件，该软件要优于其它同类软件，它的拼写和语法检查不仅适合英语，对汉语也有一定的用处。

文本经过初步校对和编辑后再由主编进行二校，二校后才保存以备入库。

**切分**

切分方式分为句子切分和段落切分两种，采取自动和手动两种方式。这一点下文（4.2.4）将详细论述。

**入库**

加工后的语料可以采用多种格式保存，常用的有纯文本、XML 和数据库格式等。使用数据库格式具有多重优势：首先，数据表格本身就是一种标注，对齐信息、篇首信息等都无需赋码；其次，数据库对 SQL 的支持最好，为检索工具的开发提供了便利。

文本经过校对和切分后，最终以 Access 数据库的格式储存，超文本信息以字段的方式保存在数据库中。Access 数据库适用于保存超大数量的文本，而且有检索速度快的优点，适合于平行语料库语料数据的保存。

**数据维护和更新**

在 Access 数据库中可以进行数据的添加、修改、删除等操作，可以随时对语料进行维护和更新。与数据库绑定的检索软件可以实时显示查询的结果，并可提供易于操作的用户界面供用户进行数据库的维护和更新，实现数据库查询结果的输出、保存和打印等。

#### 4.2.3.5 加工

PECC 的加工参照国际上知名的英语翻译语料库（Translational English Corpus，简称为 TEC）和德英文学文本平行语料库（German-English Parallel Corpus of Literary Texts，简称为 GEPCOLT）等进行。目前双语平行语料库的加工深度不及单语语料库，基本上还没有进行词法和句法等的自动标注，加工限于切分对齐和提供篇首信息（header information）。语料库的深加工虽然意义重大，但对平行语料库进行自动标注目前还不成熟，除了技术问题之外，对平行语料库加工的深度、意义和作用等理论研究还没有开展。就是在单语语料库的加工问题上，目前也有人提出异议。辛克莱曾明确指出语料库中的文本最好不加标识（杨惠中、辛克莱，2002：307）。虽然我们不知道辛克莱的观点是否会被广泛接受，但是语料库的加工是一个长期的复杂过程，对于双语平行语料库的加工目前我们认为最好分两步走，把切分对齐等作为第一步，在条件成熟的时候再开始第二步的工作，即词法和句法等的标注。

前文说过，PECC的切分对齐分为句子和段落对齐，自动对齐采用自行开发的AutoAligner对齐软件，自动对齐后再进行对齐语料的校对，这部分工作主要靠手工完成。以下是句对齐语料，使用AutoAligner自动完成，结果以表格方式输出（表格方式不仅便于修改，也便于转换为Access数据库）。对齐的准确度与双语文本的句级对译度相关。

**表 4-5　英汉语句对齐（1）**

| 英语 | 汉语 |
|---|---|
| On the eve of International Women's Day on March 8th, French President announced that Madame Curie would soon enter the Pantheon, a shrine honoring French national heroes. | 3月8日妇女节前夕，法国总统宣布，居里夫人即将进入法国伟人聚集的纪念堂——先贤祠。 |
| Although the decision comes 60 years late, it is still exciting and gratifying. | 尽管这一决定晚了60年，它仍给人以鼓舞和欣慰。 |
| Throughout human civilization, I think, it is difficult to find more than a few women who combined science, love and motherhood as perfectly as Madame Curie did. | 自从人类走向文明以来，我认为很难找出几个像居里夫人那样将科学、爱情与母职三者结合得如此完美的女人。 |
| How hard she and her husband struggled for over 1,000 days and nights in their work shed, which was leaky, damp, and stiflingly hot in summer, trying to refine pure radium from pitch-blend waste. | 你看她和她丈夫，在透风漏雨潮湿闷热的工棚里，从沥青铀矿残渣中提炼纯镭那一千多个日日夜夜的苦撑苦熬是何等艰辛啊！ |
| Mentally, Madame Curie was constantly tormented by internal demons—her rigor and conscientiousness; physically, she was doing the kind of hard labor which even a strong-bodied man would find it hard to bear. | 居里夫人在精神上承受着内心的恶魔（严格认真）的不断折磨，在体力上承担着一个男壮工也难以忍受的苦力活计。 |
| Even Curie himself sighed, "The life we have chosen is too hard!" | 连居里也低声叹息："我们选择的生活太苦了！" |

续表

| 英语 | 汉语 |
| --- | --- |
| The couple, with their shared ambition and ideals, finally saw the light of radium radiation! | 这一对志同道合的夫妻终于看到了镭的辐射之光！ |
| At a grand welcoming party given at the White House, America's 29th president, Warren Harding, praised Madame Curie as "a noble person, a loyal wife, and a loving mother". | 哈定（美国第29届总统）在白宫举行的欢迎盛会上，称赞居里夫人是一位"高尚的人，忠诚的妻子，慈爱的母亲"。 |
| If the Curies had applied for a patent for their discovery of radium, I suppose their wealth might have exceeded that of Alfred Nobel, the inventor of dynamite. | 居里夫妇如果为镭的发现申请专利，其财富之多，我想有可能超过黄色炸药的发明者诺贝尔。 |
| However, they refused to do so. | 然而，居里夫妇谢绝了。 |
| After Mr Curie died in a traffic accident, Madame Curie took over his teaching post, sustaining the monumental research on radium. | 居里因车祸去世，居里夫人继续了他的教职，支撑着巨大的镭的研究工作。 |
| She refused all meaningless titles and honors, burying herself in scientific exploration instead. | 她拒绝一切虚衔与荣誉，埋头于科学探索。 |
| However, she did not hesitate to join organizations safeguarding the patents and copyrights of fellow scientists. | 可是对保卫科学家同行专利与版权的组织，她却毅然参加了。 |
| In the laboratories, she says, science needs protection just as young children do, so as to free them from the worries of their material life. | 她说科学在实验室里，像小孩子一样需要保护，使他们免遭物质生活忧虑的困扰。 |
| This, if you like, was Madame Curie transferring her maternal love to young scientists. | 这可以说是居里夫人母爱精神向年轻科学家的转移。 |

通常情况下，自动对齐的语料并不能像上例这样准确无误，还需要一定的修改，如表4–6。

表 4-6 英汉语句对齐（2）

| 英语 | 汉语 |
| --- | --- |
| Flowers should be presented to winners who have returned home with flying colors after competitions. | 鲜花，理应呈送给凯旋归来的英雄。 |
| Why should they be given to this disgraced loser? | 难道献给这黯淡无光的失败者？ |
| Since she fell on the mattress from the horizontal bar four days before while doing a somersault, she had kept her beautiful and once proud head bent. | 她一直垂着头。 |
| Now she was back at the Capital Airport from abroad. Upon entering the lobby, she wished she could hide her head under her collar. | 前四天，她从平衡木上打着旋儿跌儿在垫子上时，就把这美丽神气的头垂下来。 |
| She was ashamed to face the people who had come to welcome her right at the airport, to be interviewed by the reporters, or to meet her sister and brother-in-law. | 现在她回国了，走入首都机场的大厅，简直要把脑袋藏进领口里去。 |
| She was even afraid to see the warm-hearted stewardess—one of her admirers. | 她怕见前来欢迎的人们，怕记者问什么，怕姐姐和姐夫迎接她，甚至怕见到机场那个热情的女服务员——她的崇拜者。 |
| Each time she went abroad from the airport, this stewardess would rush up to help her with her luggage. What a shame that she had absolutely failed! | 每次出国经过这里时，都跑来帮着她提包儿……有什么脸见人，大败而归! |

篇首信息其实就是与语料文本相关的一些超文本信息，之所以被称为篇首信息是因为这些内容通常以一定的格式存放在文本的开头。如 GEPCOLT 的篇首信息（Kenny，2001：215）：

```
<Header>
 <title>
     <filename>fn000026.txt</filename>
     <subcorpus>fiction</subcorpus>
     <collection>Unica Zurn</collection>
     <editor></editor>
 </title>
```

```
<translation>
    <mode>written</mode>
    …
</translation>
<translator>
    <name>Malcom Green</name>
    …
</translator>
…
</Header>
```

PECC 的超文本信息不是以篇首信息的形式存储，而是以句段的形式存放在数据库中。这样便于以标题、译者、作者、出版时间或出版社等进行快速检索。超文本信息输出形式如下：

（标题：No Electric Guitars in Prison 美国监狱对电吉他说“不”；作者：不详；译者：中国日报网站；出版社：中国日报网站；出版时间：2003/02/17；材料来源：报刊。）

### 4.2.4 对齐模块的研制

对齐加工是平行语料库建设中不可避免的环节，对齐软件工具的开发能有效提高对齐效率。

#### 4.2.4.1 句子、段落和句段

目前英汉语对齐的切分方式主要有句对齐和段落对齐。在这里句子和段落有自己特殊的定义，与传统的定义不同。

在传统语法中，句子被定义为“表达一个完整意思的单位”或者“语言运用的基本单位”等。从结构的角度看，句子是最大的语言单位，在此单位上，语言分析得以进行。索绪尔（Saussure）认为句子是词在线型的横向组合关系下而生成的，它属于言语，而不属于语言（索绪尔，2002：

172）。在转换生成语法里，句子也是最高的语言单位，可以视为一种句法结构，这种结构是由一套完善的短语结构规则和转换规则生成的。但对语料库语言学来说，这些基于概念的定义是不够的，因为这些概念都不便于形式化，对于语料的切分来说，只有在形式化之后才能自动化。因此，在本文中，我们将句子定义为：文本中从右向引号、句号、问号或感叹号开始到下一个左向引号、句号、问号或者感叹号结束的成线型、横向组合的语言链。句号、问号或感叹号等是句子的休止符。

段落其实指的是自然段，是电子文本中介于两个段落标记间的文本。以自然段为单位最适合于自动切分对齐。

在我国翻译界近年来有不少关于翻译基本单位的讨论，郭建中（2001）认为应该以自然段为翻译单位，而高芳（2003）提出了句段意识的概念并提倡将“句段”作为翻译的单位。高芳引用郝长留的观点，将句段定义为“由两个或两个以上的句子构成的，在形式上和内容上与上下文互相关联而又相对独立的一段话”。句段的定义具有一定的理论和现实意义，例如在以句子为单位的切分对齐中，常常会有原文与译文句子数量不一致的情况。此时，句段的概念可以作为切分的依据。

**表 4-7　源语与译入语的句子数不对等**

| 汉语 | 英语 |
|---|---|
| ①老黄老了，人称“黄老”。②老啦，没办法，吃过晚饭，看了点电视新闻，有些迷糊了，打算洗个脸，泡泡脚，上床寻梦去。③门铃一声响，来了客人。④从不谢客，礼当接待。 | ① Mr. Huang was old. ② People addressed him as “Respected Mr. Huang”. ③ Being old, he easily got tired and could not help it. ④ After supper, having watched *News Today* on the TV, he began to feel sleepy, so he went about washing his face and feet before going to bed. ⑤ Suddenly the bell rang, announcing the arrival of a visitor. ⑥ As Mr. Huang had never refused any visitor before, this one should be received with courtesy too. |

上表中，汉语原文的 4 句话翻译成英文后变成了 6 句，这种现象在

翻译过程中是常有的，这也正是句子自动对齐的困难所在。可以根据句段的概念将上述文本对齐如下：

**表 4-8　修正后的英汉句对**

| 汉语 | 英语 |
| --- | --- |
| ① 老黄老了，人称“黄老”。 | ① Mr. Huang was old. People addressed him as “Respected Mr. Huang”. |
| ② 老啦，没办法，吃过晚饭，看了点电视新闻，有些迷糊了，打算洗个脸，泡泡脚，上床寻梦去。 | ② Being old, he easily got tired and could not help it. After supper, having watched *News Today* on the TV, he began to feel sleepy, so he went about washing his face and feet before going to bed. |
| ③ 门铃一声响，来了客人。 | ③ Suddenly the bell rang, announcing the arrival of a visitor. |
| ④ 从不谢客，礼当接待。 | ④ As Mr. Huang had never refused any visitor before, this one should be received with courtesy too. |

但是句段的核心是语义而不是形式，一个具有完整语义单位的句段可能是一句话，也可能是一个自然段，这就使得以句段为单位的自动切分变得困难重重，至少在目前的技术条件下，以句段为切分理念的工作还只能靠手工进行。

鉴于以上原因，我们认为：切分对齐的单位应该是句子和段落并重，暂时不考虑句段层面上的切分。段落自动切分对齐的可行性最高，需要在平行语料库的对齐中继续使用。但对于平行语料库来说，对齐的单位越小就越便于对比研究。对于词典编纂来说，以段落对齐的平行语料不利于词典配例的自动提取。与段落对齐相比，句对齐具有许多优势。但由于目前技术水平的限制，句子自动对齐还有许多没有解决的技术问题，句对齐还需要大量人工的干预。由于人力、物力和时间等因素，目前可采用句对齐和段落对齐并重的措施。在理论研究进一步深入，句子自动对齐从实践上更为可行的时候再扩大句子对齐的语料。

#### 4.2.4.2 自动对齐模块AutoAligner

利用现有的软件也可以实现初步的段落对齐或者句对齐，目前常用的有 Trados、Microsoft Word、ParaConc 和雅信。

ParaConc 是平行语料检索软件，严格意义上来说，它不能算是对齐工具。ParaConc 可以进行简单的段落自动对齐，但对汉语的支持并不好。我们不建议使用 ParaConc 来进行对齐加工。

运用 Microsoft Word 中的宏进行对齐处理的效果要优于 ParaConc。宏是内嵌在 Microsoft Office 里的编程语言 VBA（Visual Basic for Applications），利用宏可以设计功能强大的对齐模块。即使在不懂编程语言的情况下，利用可视化界面录制宏也可以取得相当好的效果。

Trados 是英文单词 translation、document 和 software 的首字母缩写，它具有国际领先的翻译记忆功能，支持多达 57 种语言之间的互译。Trados 可以对具有对译关系的文本进行对齐处理，由于依据的参数多样，不仅对齐效率较高，而且还具有一定的智能性。

雅信翻译工具也具有对文本进行对齐处理的功能，对齐处理算法与 Trados 类似。

以上软件的研制目的和主要功能都不是针对跨语言文本对齐，所以对齐准确度和效率都不够理想。为了取得良好的对齐效果，开发对齐工具对平行语料库的建设非常重要。AutoAligner 就是在这样的背景下开发的汉英对齐工具。

AutoAligner 目前只考虑句对齐和段落对齐，暂不考虑句段对齐。句对齐研究是近几年双语对齐研究的热点。在国外，专门为英语和意大利语开发的句对齐软件 Pisa 以及霍夫兰德（Hofland）开发的英语-挪威语句对齐软件 TCA（Translation Corpus Aligner）已经进入了实际运用阶段。由戴维·伍尔斯（David Woolls）开发的双语或多语间对齐软件 Multiconcord 适合于多种西方语言，而且表现相当出色。在我国，英汉语句对齐的研究也一直在进行（于新等，2011；李英、依布拉音，2008；林哲辉，等，2008；张艳，2005；吕学强，2003，2004；陈博兴，2003；王斌，2000；钱丽萍，2000；刘昕，1998），但由于英汉语间的巨大差异，目前研究还处于实验室阶段，仍没有准确率很高的软件面世。

AutoAligner 自动对齐模块是初步的英汉语自动句对齐解决方案，模块设计基于以下的假设：

（1）英汉语对译文本间存在线型的对应关系；

（2）大部分的句子间存在对译关系；

（3）有些特殊词汇通常出现在句首，这些词汇我们暂命名为“起句词汇”，它们的对译词汇也往往在译文中开始一个句子；

（4）数词、代词、专有名词等在原文和译文间存在很强的对译关系，它们所在的句子可视为对译句。

基于上述理念，AutoAligner 在设计时首先考虑（3）和（4）所表述的特殊词汇间的对译，并依此作第一步切分；然后再进行依靠句子休止符的第二步切分。

段落对齐以段落标志为切分单位，由于英汉语对译时原文与译文的段落对应度较高，只要对原始文本进行适当的加工就可以生成准确度很高的段落对齐语料。

我们必须承认的是，英汉对译文本自动对齐，特别是句对齐的研究仍然任重道远。目前的主要问题不是计算机技术，而是缺乏对文本的语言学分析研究，只有在充分分析翻译过程的一些具体特征并依此得出可行有效的规则之后，自动对齐工具的开发才能进一步提高效率和实用性。

### 4.2.5 基于语料库的词典编纂平台开发

对于使用语料库进行词典研编来说，语料库的建设只是第一步，语料库只是语言素材的集合，要充分利用语料库必须要有相应的检索软件。国外大型的语料库都有自己的检索软件，如 BNC 的 Sara 检索系统。但这些检索系统通常都与各自的语料库绑定在一起，并不是独立的软件，也就是说它们强大的检索功能并不能为其他语料库所共享。WordSmith、TACT、ParaConc 和 Multiconcord 是目前可以独立使用的检索软件，但只有后两个软件支持双语检索。词典编纂对语料库和检索软件都有自身的要求，通用检索软件 ParaConc 和 Multiconcord 并不适合词典编纂的特殊需要。在此情况下，研制适合词典编纂的检索软件是语料库词典编纂的前提条件。

#### 4.2.5.1 设计思想和目的

根据词典研编的实际需要，基于双语平行语料库的检索和词典编纂输出系统 CpsDict（以下称“词典编纂系统”或“CpsDict 系统”）具有下列设计思想和目的：

**双语对齐句对自动提取功能**

系统要具有逐句提取并显示的功能，同时还要具有按要求自动提取所有记录的功能。提取所有记录的时候可以对结果进行统计。

语料库（单语）都是通过 KWIC 的方式显示索引行，在平行语料库中检索也使用关键词，但由于无法在对应的索引行中确定对译词，所以通常不采用 KWIC 的显示方式。平行语料库检索工具 ParaConc 采取的是分栏平行显示的方式，关键词显示需要另外定义，如下图：

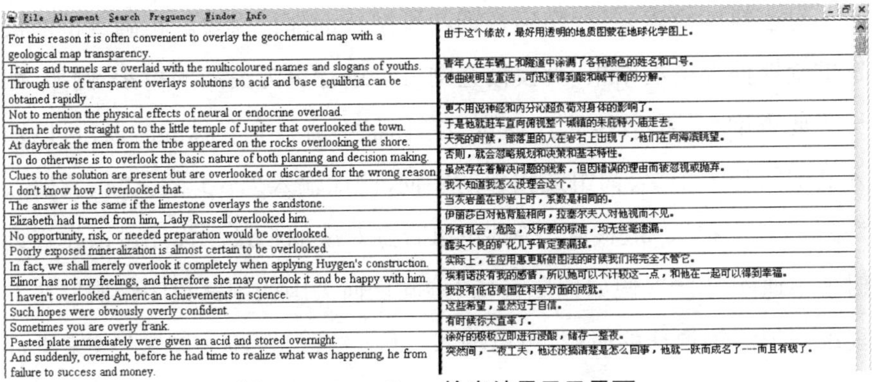

File Alignment Search Frequency Window Info

| | |
|---|---|
| For this reason it is often convenient to overlay the geochemical map with a geological map transparency. | 由于这个缘故，最好用透明的地质图蒙在地球化学图上。 |
| Trains and tunnels are overlaid with the multicoloured names and slogans of youths. | 青年人在车辆上和隧道中涂满了各种颜色的姓名和口号。 |
| Through use of transparent overlays solutions to acid and base equilibria can be obtained rapidly. | 使曲线明显重迭，可迅速得到酸和碱平衡的分解。 |
| Not to mention the physical effects of neural or endocrine overload. | 更不用说神经和内分泌超负荷对身体的影响了。 |
| Then he drove straight on to the little temple of Jupiter that overlooked the town. | 于是他就赶车直向俯视整个城镇的朱庇特小庙走去。 |
| At daybreak the men from the tribe appeared on the rocks overlooking the shore. | 天亮的时候，部落里的人在岩石上出现了，他们在向海滨眺望。 |
| To do otherwise is to overlook the basic nature of both planning and decision making. | 否则，就会忽略规划和决策和基本特性。 |
| Clues to the solution are present but are overlooked or discarded for the wrong reason. | 虽然存在着解决问题的线索，但因错误的理由而被忽视或抛弃。 |
| I don't know how I overlooked that. | 我不知道我怎么没理会这个。 |
| The answer is the same if the limestone overlays the sandstone. | 当灰岩盖在砂岩上时，系数是相同的。 |
| Elizabeth had turned from him, Lady Russell overlooked him. | 伊丽莎白对他背脸相向，拉塞尔夫人对他视而不见。 |
| No opportunity, risk, or needed preparation would be overlooked. | 所有机会，危险，及所要的标准，均无丝毫遗漏。 |
| Poorly exposed mineralization is almost certain to be overlooked. | 露头不良的矿化几乎肯定要漏掉。 |
| In fact, we shall merely overlook it completely when applying Huygen's construction. | 实际上，在应用惠更斯做图法的时候我们将完全不管它。 |
| Elinor has not my feelings, and therefore she may overlook it and be happy with him. | 埃莉诺没有我的感情，所以她可以不计较这一点，和他在一起可以得到幸福。 |
| I haven't overlooked American achievements in science. | 我没有低估美国在科学方面的成就。 |
| Such hopes were obviously overly confident. | 这些希望，显然过于自信。 |
| Sometimes you are overly frank. | 有时候你太直率了。 |
| Pasted plate immediately were given an acid and stored overnight. | 涂好的极板立即进行浸酸，储存一整夜。 |
| And suddenly, overnight, before he had time to realize what was happening, he from failure to success and money. | 突然间，一夜工夫，他还没搞清楚是怎么回事，他就一跃而成名了---而且有钱了。 |

**图 4-2 ParaConc 检索结果显示界面**

CpsDict 系统采用了表格的方式显示对译语句，同时也显示其他重要的超文本信息，这样不仅有利于阅读对译语句，表格提供的详细附加信息也有助于例句的选择。下图是 CpsDict 系统英汉平行语料库平台的主界面。

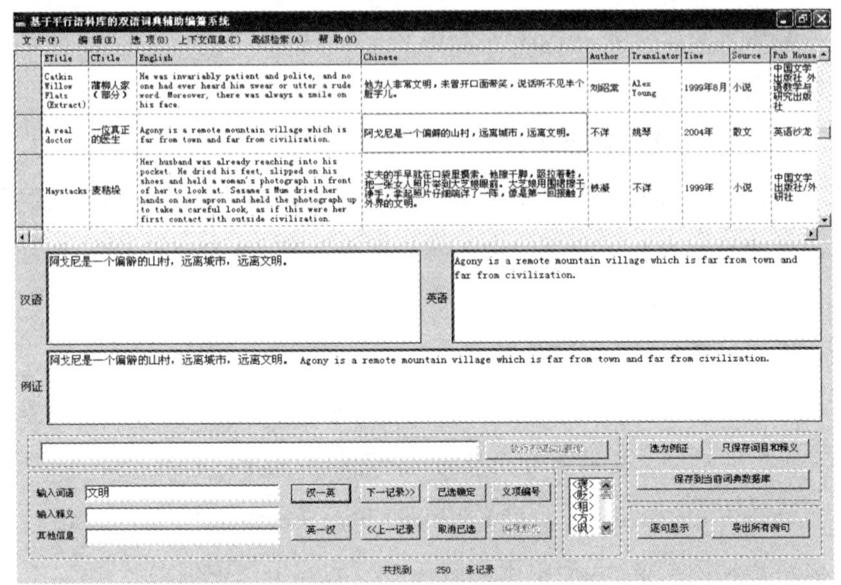


图 4–3 CpsDict 的英汉平行语料库平台主界面

## 中英文精确检索、模糊检索和复杂检索功能

对语料库检索来说，精确查询和模糊查询都很重要。精确查询能快速准确地搜寻所需结果，而模糊查询可以进行更为灵活的检索，例如，如果你要查询“不扩散核武器条约”，在你记不清整个名称的时候，可以输入其中的任一个字、词组或相邻的字词，例如输入“不扩散”、“核武器”、“条约”、“不扩”、“散核武”等都可以查到对应的记录。你还可以在查询时使用通配符“*”，假如你要查找“不同任何大国或国家集团结盟”，在不能准确记清该说法的时候，可以输入“不 * 结盟”、“不 * 国家”等来进行查询。此外，模糊查询还可以检索结构类似的词、词组甚至句子，有利于对比研究。例如要检索并显示所有类似于 as busy as a bee、as strong as a horse、as poor as a church mouse 这样的短语结构，就可以通过模糊查询的方法来实现。

复杂检索支持按照不同的子库、作者、译者等进行精确或者模糊查询，使查询结果更加适合用户研究的需要。

**显示语境及其他超文本信息的功能**

检索软件不仅要显示与语料相关的著译者、出版时间、出版社、文体等超文本信息，而且还要具有显示包含关键词句的整个段落以及整篇文章的功能。

**用户添加语料的功能**

CpsDict 系统的双语平行语料库采取开放式，允许用户随时添加自己的数据。添加新数据不仅可以丰富语料库的内容，有利于实现监控语料库的目的，而且还可以满足不同用户的特殊需要。

**查询结果导出功能**

该系统主要目的之一是为词典编纂服务，系统内置了词典编写数据库（entry.mdb），因此系统首先要能实现查询结果导出并保存为文本文件的功能，以便词典编写人员进一步修改使用，对于无需修改的数据，系统还要具有将选定的结果直接导入词典数据库的功能。

**例句重复提取提示功能**

基于大型语料库提取词典信息常会出现一例多选的情况，特别是在多人共同使用语料库的时候，这种情况更容易发生。对于词典来说，大量重复的信息（如例证）会影响词典的质量。因此，如何避免同一记录被重复提取非常重要。

**新义项的挖掘和义项排序功能**

语料库为新义项的挖掘提供了数据，如果语料库记录了某些词汇新的义项，那么这些新义项就包含在索引行中。利用语料库可以对各义项的使用频率进行统计，统计数据直接支持基于使用频率的义项排序。

#### 4.2.5.2 系统结构框架

CpsDict 系统的检索与词典编写输出系统结构框架如图 4-4。

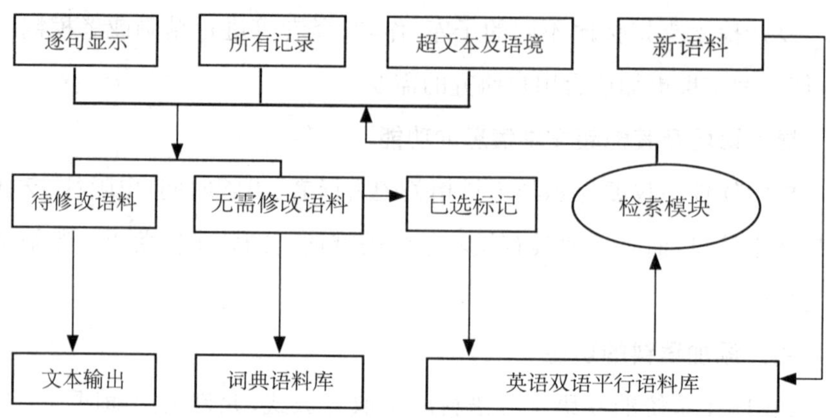


**图 4-4　CpsDict 系统检索和词典编写输出系统结构框架**

#### 4.2.5.3 功能实现

基于英汉平行语料库的词典编纂系统由英汉平行语料库和双语词典编纂平台两部分组成。英汉平行语料库有对齐语料 1000 万词次，对齐方式采用句对齐为主、段落对齐为辅的原则建成。双语词典编纂平台以 SQL 查询为基础，实现了汉英词典编写的无纸化。下图为双语词典编纂平台的主界面：

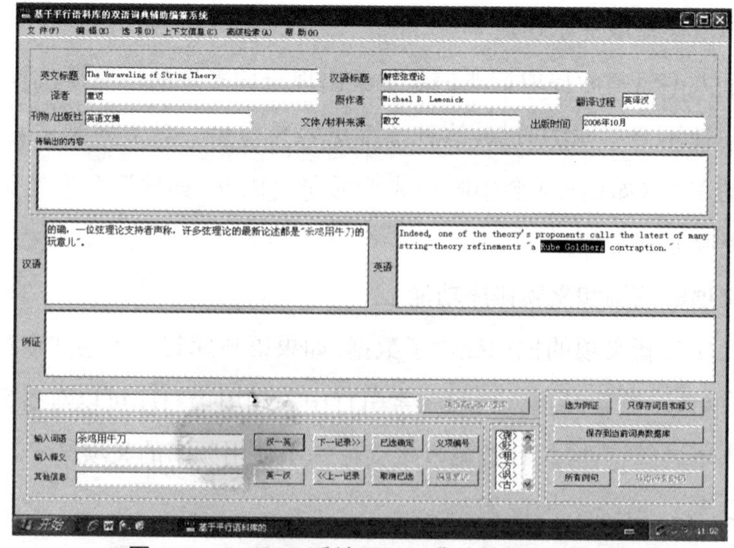


**图 4-5　CpsDict 系统双语词典编纂平台的主界面**

基于平行语料库编写的词典数据被保存至独立的数据库，系统为词典数据库提供了单独的编写模块，即“在编词典管理”。该模块的数据库接受用户通过语料库检索和编辑之后完成的备用词条、例证和搭配等信息，这些内容以词条为索引项，以升序的形式排列在数据库中。这不仅方便了词典的后续编写和生成，也避免了词条的重复编写。完成了的词条模块数据库就是词典的最终数据。在编词典管理界面见下图：

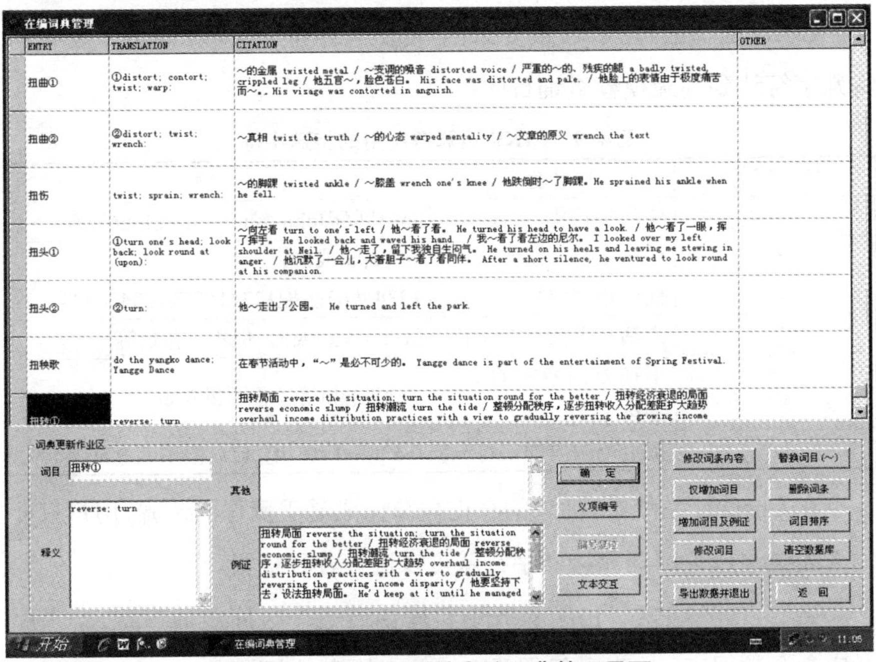

**图 4-6　CpsDict 系统在编词典管理界面**

该系统的主要功能及实现方法如下：

第一，精确查询和模糊查询相结合，简单查询和高级查询相结合。精确查询便于准确定位，能快速有效地命中并显示包含关键词的英汉句对；模糊查询是对精确查询的补充，有时更为灵活，如“艾滋病”和“爱滋病”是同一种疾病的不同汉语表述，使用模糊查询可以同时查找出含有这两种表述的所有语料，并能用逐句显示或同时显示所有句对这两种不同方式显示出来，供词典编纂人员参考；高级查询不仅将语料作为查询对象，也将作者、译者、文体、翻译过程、标题和出版时间等作为查询对象，通过 SQL 语句进行各种复杂的语料检索。

精确查询和模糊查询通过结构化查询语言 SQL 实现。精确查询语句为：SELECT * FROM (Access 表格清单) WHERE (字段) = (字符串)；模糊查询语句为：SELECT * FROM (Access 表格清单) WHERE (字段) LIKE (字符串)。

LIKE 是功能最强大、最复杂的 SQL 运算符之一，可以用下表中的特殊字符达到高级模糊查询目的：

**表 4-9　LIKE 运算符所用的特殊字符**

| 特殊字符 | 用途 | 示例 |
|---|---|---|
| * | 任何字符集 | Joh*匹配John、Johnson或John's等 |
| ? | 任一字符 | ?t匹配at或it等 |
| # | 任一数字位 | 1234#67匹配1234167或1234267等 |
| [] | 方括号中的一个字符 | [ai]t匹配at或it，但不匹配bt等 |
| [!] | 不在方括号中的一个字符 | [!a]t匹配it等，但不匹配at |
| [-] | 指定范围内的字符 | [i-k]t匹配it、jt、kt，但不匹配at或st等 |

在 CpsDict 系统中，抽象的查询被简化成易于操作的步骤，用户只要输入关键词或关键词和特殊字符就可以进行各种检索。

第二，多表检索。由于对齐语料库由若干个子库组成，每一个子库对应一个数据库。检索不仅需要支持单表检索，还要能够在多表间进行。多表检索是通过 SQL 的 JOIN（连接）方法实现的，有左连接、右连接和内连接之分。

左连接语句为：FROM (主表) LEFT JOIN (从表) ON (主表).(字段) (比较) (从表).(字段)；右连接语句为：FROM (主表) RIGHT JOIN (主表) ON (从表).(字段) (比较) (主表).(字段)；内连接语句为：FROM (主表) INNER JOIN (从表) ON (主表).(字段) (比较) (从表).(字段)。

由于外连接（左连接和右连结）会产生大量的记录集（recordset），系统只使用了内连接处理多表查询。

第三，查询结果输出显示。查询结果显示分为单个记录显示和所有记录显示。显示单个记录时，检索到的关键词以高亮形式标出；显示所有记录时，用图表的方式显示英汉语的对齐语句。如下图：

| ETitle | CTitle | English | Chinese |
|---|---|---|---|
| Blame beer gut on genes | 肥胖又有新借口，基因导致啤酒肚？ | A Beer-gut gene that gives fellas flabby tummies has been discovered by scientists. | 科学家发现有一种基因会让小伙子们长出松松垮垮的啤酒肚。 |
| Blame beer gut on genes | 肥胖又有新借口，基因导致啤酒肚？ | The medical breakthrough proves that guzzling ale is not the only reason why men develop saggy stomachs. | 医学上的这一突破表明，男人们的啤酒肚并不完全是因为狂饮啤酒而造成的。 |
| Blame beer gut on genes | 肥胖又有新借口，基因导致啤酒肚？ | The beer-gut gene was tracked down by Italian experts. | 啤酒肚基因是由意大利专家发现的。 |
| Pets are too porky | 肥胖困扰宠物小狗亟需修身 | Overfeeding and lack of exercise mean man's best friend is likely to share his pot belly. | 过量的食物和缺乏锻炼，使得人类最好的朋友不得不连啤酒肚也一起分享了。 |

**图 4-7 CpsDict 系统检索结果显示**

第四，添加语料功能的实现。添加新语料可以通过多种方法来实现，如 INSERT 方法和 ADDNEW 方法。在 CpsDict 系统中，添加语料的功能是通过 ADDNEW 方法实现的，步骤如下：

（1）使用 ADDNEW 方法打开一条新记录；

（2）指定数据给记录中的适当字段（即输入数据）；

（3）使用 UPDATE 方法保存新增的数据。

以上步骤被形象化为数据输入窗口，以便用户操作，程序数据输入窗口如图 4-8。

第五，超文本和已选标识。超文本信息以字段的形式保存在数据库中，字段分别为 Etitle，Ctitle、Author、Translator、Time、Source、Tprocess 和 Other。系统可根据用户的选择输出相应的超文本信息。

除了上述超文本信息之外，系统使用记录集 Filter 属性显示上下文信息，其最大显示限度为整篇文本。编程步骤如下：

（1）打开数据库；

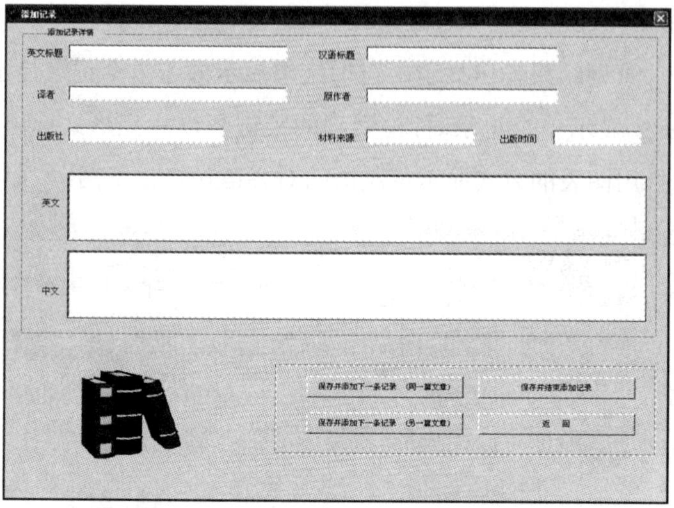

**图 4-8　CpsDict 系统数据输入窗口**

（2）打开数据表；

（3）设置 Filter 属性值；

（4）刷新数据表并重新打开。

已选标识用以避免同一记录被重复选用，其实现方法是通过对语料库中已输出的记录做标记“(SELECTED!!!)”来实现的。为了可以再次获得干净的语料库，系统提供了单个或整体取消已选标识的方法。

第六，新义项和义项排序。对于语义标注的语料库来说，新义项的提取和基于使用频率的义项排序比较容易实现。对于没有进行标注的语料库来说，可以利用平行语料库句对相互释义的特点，使用 SQL 语言来进行新义项的查找和义项使用频率统计。具体方法参见前文（3.4）。

第七，显示上下文。词典编纂系统不仅能显示关键词所在的小语境，即句对，也能通过显示上下文模块显示当前句对所在的大语境，即整篇文章。上下文信息对释义的判断以及例句的选择都具有重要意义。

句首信息包含了标题、书名等与上下文相关的信息，在 Access 数据库中，这些信息被保存在具体句段中，如标题名的句段，通过 SQL 语言可以检索相关句段并将检索结果显示出来。使用下面的语句可以显示整篇文章：

SELECT * FROM ( 数据表 ) WHERE ( 标题名 ) = "( 具体标题 )"

### 4.2.6 个人语料库管理模块

为了使 CpsDict 系统具有更大的灵活性和实用性，系统设置了个人语料库管理模块。该模块支持从用户自建的纯英文、纯中文或者英汉语混排的文本语料中自动提取例句，并允许用户对查询结果逐条、部分或全部进行保存。

下面是以 culture 为关键词从自建单语库中提取到的例证：

（1）Chinese culture is rich and profound.

（2）Another area of the profundity of Chinese culture is her pre-industrial revolution science and technology.

（3）The richness of Chinese culture also finds expression in its diversity and pluralism.

（4）The diversity and pluralism of Chinese culture is a tremendous asset.

（5）Chinese culture is a complete system，including its own philosophy，literature and arts，medicine，technology and science as well as language and festivals.

如果要想得到英汉双语的对等语料配例，在自建双语素材库的过程中，需要进行一定的加工。以下是以"小康"为关键词从自建平行语料库中提取的部分例证：

（1）大会的主题是：……全面建设小康社会…… The theme of the congress is to ... build a well-off society in an all-round way ...

（2）人民生活总体上达到小康水平。On the whole，the people have reached a well-off standard of living.

（3）当人类社会跨入二十一世纪的时候，我国进入全面建设小康社会、加快推进社会主义现代化的新的发展阶段。As human society entered the 21st century，we started a new phase of development for building a well-off society in an all-round way and speeding up socialist modernization.

对自建的纯英文和纯中文个人语料库没有特殊要求，只要将语料以纯文本（txt）或 Rich Text Format（RTF）的格式保存就可以进行检索。在自建双语素材库的时候，要将英文句子和对应的译文以句子为单位进行编辑，句子间不需要标注或分隔符，如下例：

月球最深的奥秘可能是几十亿年前地球上被小行星撞飞之后落到月球表面的岩石。The most profound secret about the moon might be rocks launched from Earth billions of years ago by asteroids. 多年来，人们以为这些含有地球信息的小石块就在月球上，这些信息可能包括地球早期构造、大气乃至生命的起源。These bits of terrestrial information have been presumed for years to exist there and could hold information about the composition of the young Earth and its atmosphere, and even the origin of life.

## ◆ 4.3 小结

CpsDict 系统在研制的过程中主要考虑为词典研编服务，同时也考虑技术可行性和功能实用性。一些在其他语料库检索软件中常见的功能，如果与词典研编无直接关系，不予考虑。对于目前技术还不成熟的功能也不予考虑。

语言间的对应词，又称翻译对等词（translation equivalent pair），对于双语词典的意义前文已有论述，在计算语言学界，有利用英汉语句对齐语料库进行英汉翻译对等词自动抽取的研究。

此项研究不仅适用于翻译对等词的抽取，而且也可以用来抽取高于词平面的翻译对等知识。但如前文（3.2）所述，目前此项研究只限于理论上，在实践中的可行性不高。因此，CpsDict 系统在研制的过程中没有考虑对等词的自动提取，而是利用检索到的对齐语句由用户人工干预对等词的提取。这样做虽然没有完全实现自动化，但实践证明效率和可行性都很高。

词频统计的功能常见于语料库检索软件，CpsDict 系统中有检索句子对的命中率统计，但没有词频统计的功能，因为对于英汉对齐语料库来说，词频统计是否有必要，是否科学可行，这些问题还未可知。首先，汉语目前还只能进行字频统计，即单个字的频率统计，汉语分词依然困难重重。汉语的实际使用中，词组的使用频率远高于单个字词的使用频率，只进行单个字的频率统计是没有意义的。那么是否有必要对平行语料库中的英文进行词频统计呢？我们认为也没有必要。词频统计提供的词汇使用频率表对词典编纂具有重要参考价值，但平行语料库中的英语语料并不是典型的英语语料，大量的由汉语翻译过来的英文反映的是翻译语言的特点，基于平行语料库的英语词频表并不能反映英语使用的实际，也就是说这个词频表对汉英词典的立目并没有多大参考价值。

英汉语句对齐的研究意义重大，但如所有人工智能在计算机描述上遇到的困难一样，英汉语的句子自动对齐并没有想象的那么简单，译者的翻译风格和翻译习惯对译文有直接的影响，何时是句与句的对译，何时是两句或更多的句子合译为一句，何时是一句分译为几句，何时是节译，都并没有一个标准。CpsDict 系统中的句对齐模块只是一种尝试，未来的研究不但要考虑“起句词汇”，还要对翻译过程中的分译、合译和节译进行研究。

我们还认为，基于平行语料库的词典编纂系统应该将重点放在平行语料库的建设上，平行语料库是研究的基础，它的代表性、典型性、科学性以及规模都和将来的研究息息相关。

# 第五章　用 VB 开发词典编纂系统

VB 是 Visual Basic 的首字母缩写，它是微软公司开发的包含协助开发环境的事件驱动编程语言。由于 VB 功能强大，简单易学，它无疑是世界上使用最为广泛的高级编程语言之一。VB 拥有图形用户界面，所见即所得的图形界面编程方式大大方便了程序的开发。在 VB 中，程序员可以轻易地使用 DAO、RDO、ADO 连接数据库。通过灵活多样的 VB 控件，程序员可以快速编写应用程序。

词典编纂系统开发的核心是数据库编程技术，主要涉及数据检索、数据选择、数据统计、数据保存等。词典编纂系统的开发是一个浩大的工程，前期工作主要是语料库的建设。本章介绍如何在 VB 6.0 环境下开发具备基本功能的词典编纂系统。

## ◆ 5.1 基本概念

VB 有许多概念和术语，本节介绍几个最为重要的。

### 5.1.1 数据类型

在 VB 中，数据类型决定了计算机如何存储变量，所有变量都需要定义数据类型，数据如果与数据类型不匹配，就会发生错误或浪费内存资源。常见数据类型见表 5-1。

例如，数据类型 Integer 返回的是整数，如果我们事先知道变量是整数而不是小数，就应该将其声明为 Integer，它的运算速度较快，可以提高程序的响应速度。如果变量包含字符而不包含数值，就可将其声明为

String，String用于对文本字符串的操作。

**表5-1　VB中常见数据类型**

| 数据类型 | 说明 | 数据说明 | 说明 |
|---|---|---|---|
| Byte | 二进制数 | Boolean | 真假值 |
| Integer | 整数 | Long | 长整型 |
| Single | 实数 | Double | 双精度型 |
| Currency | 货币 | Date | 日期和时间 |
| Object | 对象 | String | 字符串 |
| Variant | 可变类型 | | |

### 5.1.2 变量

在VB编程时，常常需要临时存储数据，这时就需要用到变量。变量由名称和数据类型构成。定义变量的语法为："Dim 变量名 As 数据类型"。

### 5.1.3 控件

控件用来获取用户的输入信息和显示输出信息，它是已经编译好的程序，只不过是以小部件的方式显现而已，用户可以直接调用。控件是VB最精彩的部分，用户甚至可以通过运用控件在不写代码的情况下开发简单的程序。VB 6.0常用控件有文本框、高级文本框、命令按钮、标签、框架、组合框、数据、图像、MsFlexGrid控件等。

### 5.1.4 结构

计算机在运行程序的时候，执行语句的顺序是从上向下的。有些简单程序可以只用单向流程来编写，判断结构就可以胜任程序流程的需要。If ... Then是VB最常用的判断结构。

但是稍微复杂的程序就要靠控制结构来控制程序执行的流程了。控制结构主要有两种，即分支结构和循环结构。

分支结构是一种选择结构，在不同的条件下选择执行不同的程序段。实现分支结构的语句有很多，最常用的是if ... then ... else ...。例如：

If 条件 Then

```
{程序段一}
Else
{程序段二}
End If
...
```

如果条件满足了，电脑将执行程序段一中的语句，然后跳过程序段二，执行 End If 之后的语句。如果条件不满足，电脑将跳过程序段一中的语句，执行程序段二，然后继续执行 End If 之后的语句。

循环结构就是让电脑反复执行某一程序段落若干次。在循环次数已知的条件下，用 For ... Next 可以反复执行同一个语句块；在循环次数未知的条件下，用 Do ... Loop 可以循环重复执行同一个语句块。

## ◆ 5.2 数据库

数据库是一组相关数据表的数据集（data set），在数据库管理系统（DataBase Management System，简称为 DBMS）的控制下，以最佳方式供一个或多个用户使用。一个数据库可容纳许多数据表（table），而一个数据表又可以容纳许多记录（record），记录根据信息特征又可归类为不同的字段（field）。VB 的数据库管理系统采用 Microsoft Jet，结构如下：

用户界面 ⟺ 数据库引擎 ⟺ 数据库存储区

只要用户指定记录和字段，即可对数据库进行访问。VB 6.0 支持的数据库很多，常见的有 Access、dBase、FoxPro、Lotus、Excel、Text 等文件类型。

### 5.2.1 数据库基本概念

以下是有关数据库的重要概念：

**表**：一个数据库可以由一个或多个表组成，它是按行与列排列的相关信息的逻辑组，类似于日常所见的表格，但数据库的表有特殊的格式要求。

**字段**：数据表中的第一行是字段，它不仅描述了数据的特征，而且是数据库检索的参数。在创建数据库时，需要为每个字段分配数据类型。

**记录**：它指的是保存在数据表各行中的信息，是数据库的核心内容。

**结构化查询语言**（Structured Query Language，简称为 SQL）：它是定义和操作关系数据库的标准语言，为用户提供建立、维护、查询数据库等多种服务。目前市场上几乎所有的关系数据库都支持 SQL。

下图就是一个 Access 数据表的截图，第一行中的 sex、area、age、year、a1.1、a1.2 等就是字段；表格的正文部分是记录。

| | sex | area | age | year | a1.1 | a1.2 | b1.1 | b1.2 | height | weight |
|---|---|---|---|---|---|---|---|---|---|---|
| 1 | W | 1 | 25 | 1 | 4 | 4 | 4 | . | 165.0 | 54.5 |
| 2 | M | 2 | 30 | 2 | 3 | 2 | 2 | 2 | 171.5 | 65.0 |
| 3 | M | 1 | 40 | 1 | 4 | 4 | 4 | 4 | 178.0 | 70.0 |
| 4 | M | 1 | 32 | 2 | 4 | 3 | 4 | 5 | 175.0 | 65.0 |
| 5 | M | 2 | 35 | 2 | 1 | 1 | 1 | 1 | 173.0 | 73.0 |
| 6 | W | 2 | 43 | 3 | 4 | 4 | 2 | 3 | 160.0 | 50.0 |
| 7 | W | 2 | 45 | 3 | 2 | 2 | 2 | 2 | 155.0 | 45.0 |
| 8 | W | 3 | 60 | 4 | 4 | 4 | 4 | 5 | 156.0 | 50.0 |
| 9 | W | 3 | 50 | 4 | 4 | 4 | 3 | 3 | 162.0 | 52.0 |
| 10 | W | 4 | 25 | 4 | . | 2 | 2 | 2 | 161.0 | 49.5 |

**图 5-1　Access 数据表结构示例**

例如，可以使用下面的 SQL 语句查询所有身高（height）大于 160.0 的记录：SELECT * FROM ( 数据表 ) WHERE height > 160.0。

### 5.2.2 SQL 语法及常用语句

SQL 语句由命令、子句、运算符和统计函数组成。

SQL 命令分为数据定义语言和数据操作语言两类。前者可用来建立新的数据库、数据表、字段等，由于这些功能可以通过可视化数据管理器或数据库软件实现，实际编程中可以不考虑使用；后一种语言用来实现查询、排序、数据过滤、数据提取以及修改数据等功能，是常用的 SQL。数据操作语言的常用命令有 SELECT（用以查找满足条件的记录）、INSERT（用以增加记录或合并两个数据表）、UPDATE（用以更正满足条件的记录）、DELETE（用以删除满足条件的记录）等。

子句用于对查询条件的进一步细化，常用 SQL 子句有 FROM（用于指定数据表）、WHERE（用于设置条件）、GROUP BY（用于分组）、ORDER BY（用于设置输出的顺序）等。

运算符有逻辑运算符和关系运算符之分。逻辑运算符见下表：

**表 5-2　逻辑运算符**

| 运算符 | 说明 |
|---|---|
| AND | A AND B表示求和，A和B都需要为True |
| OR | A OR B表示选择，A和B其中一个为True即可 |
| NOT | NOT A表示对A求反。A为True，结果为False，或反之 |

SQL 关系运算符与通常的比较运算有相似之处，但更重要的是其自己的特色运算符，详见下表：

**表 5-3　关系运算符**

| 运算符 | 说明 |
|---|---|
| = | 等于 |
| < | 小于 |
| > | 大于 |
| <= | 小于等于 |
| >= | 大于等于 |
| <> | 不等于 |
| BETWEEN | 设置范围 |
| LIKE | 用于通配设置或模糊查询 |
| IN | 用于集合设置 |

统计函数用以对指定条件的查询量进行数字统计，常用函数有 AVG（求平均数）、COUNT（求指定条件的数量）、SUM（求和）、MAX（求最大值）、MIN（求最小值）等。

通过对以上常用命令及函数的组合运用，可以生成丰富多彩的 SQL 语句，如基于 SELECT 命令的常用查询有："SELECT ALL FROM (数据表)"可以查询并显示数据表中的所有记录，"SELECT ALL FROM (数据表) WHERE (汉语字段) LIKE '* 摇钱树 *'"可以查询并显示数据表中汉语字段包含“摇钱树”的所有记录，“SELECT ALL FROM (数据表) WHERE (汉语字段) LIKE '* 打开 *' AND ( 英语字段 ) LIKE '*open*'”可以查询汉语字段中含有“打开”，同时在对译的英文平行语料中包含 open 的所有记录，“SELECT ALL FROM (数据表) WHERE (汉语字段) LIKE '* 教育 *' AND (英语字段) NOT LIKE '*education*'”可以查询汉语字段中含有“教育”，在对译的英文平行语料中不包含 education 的所有记录，“SELECT ALL FROM (数据表) WHERE (汉语字段) LIKE '* 打开 *' AND (翻译过程) = '英译汉'”可以查询汉语字段中含有“打开”，翻译过程为“英译汉”的所有记录。其他命令，如 DELETE、UPDATE、INSERT，也可以通过类似的方法组成各种语句，实现各种需要的操作。

## ◆ 5.3 VB 开发环境

VB 的开发环境分为几个部分，每部分都有自己特定的功能。下图是 VB 开发环境的主界面：

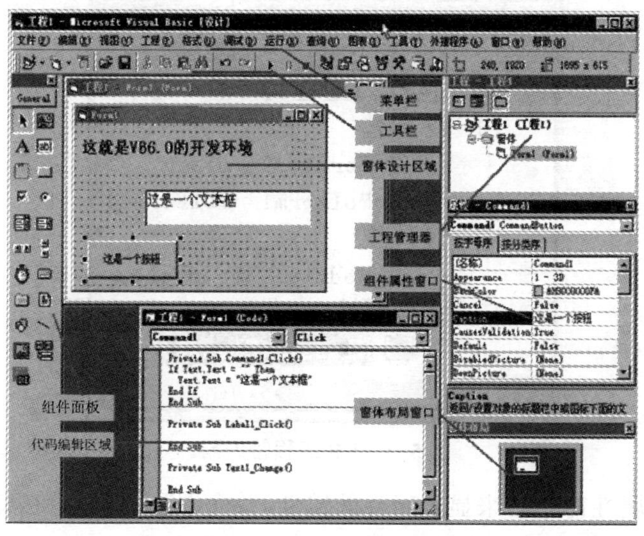


**图 5-2　VB 开发环境主界面**

窗体的最上层是菜单栏和工具栏，菜单中包含了 VB 提供的全部功能的选项，而其中一些常用的功能或操作选项则被提取出来放在了工具栏中，通过点击这些快捷按钮可以加快程序开发的速度。

窗体的左侧是组件面板，组件面板为用户提供标准的编程组件或控件，它包含了程序设计中常用到的按钮、文本框、图片框、列表框等，在使用时直接添加到窗体中即可。窗体设计区域位于整个编程窗口的中间，我们可以在这个区域中搭建出美观实用的程序界面。

窗体的右侧是三个自上而下排列的小窗口，它们分别是工程管理器、组件属性窗口和窗体布局窗口。

工程管理器用来管理开发一个 VB 程序所需要的各种类型的窗体和模块，如下图是一个工程所包含的因素，窗体是一个程序表现在外面的界面，模块是程序内部使用的代码。当我们点击“添加窗体”便捷工具按钮后，下图的 VB 工程管理器中就会显示出新添加的窗体，这也就是 VB 工程管理器的功能，它让我们能从总体上把握程序开发的各个部分。

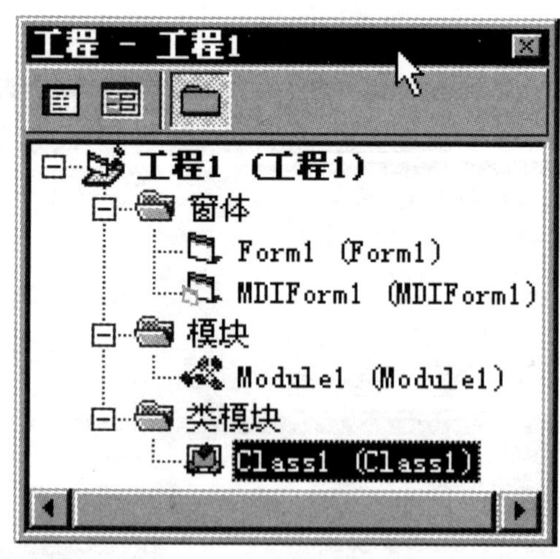


**图 5-3 VB 工程管理器**

组件属性窗口用来显示组件的属性，并允许我们设定和修改这些属性的值。如果我们在窗体设计区域中上选中一个组件，如“按钮”，在组件属性窗口中会列出它的 Name、Caption、Font 等属性，我们可以根据需要对它们进行修改。

窗体布局窗口的作用是显示和调整程序窗体在屏幕中的初始位置，把鼠标移到窗体上，鼠标就会变成移动形状，拖动窗体，就设置好了运行时该窗体的位置。

最后让我们来看看代码编辑区域。当我们在窗体设计区域双击鼠标，就能弹出这个区域，可以看到一行行的VB程序代码显示在其中，我们可以写入和修改程序代码，来让程序实现一定的功能，它是整个程序的灵魂。

## ◆ 5.4 初级词典编纂系统开发

词典编纂系统可以分为单语词典编纂系统和双语词典编纂系统，虽然双语词典编纂系统的开发较为复杂，但这两个系统的编程思想和主要方法并没有本质的区别。与单语词典编纂系统不同的是，双语词典编纂系统需要平行语料库的支持，单语语料库的价值明显受限。

### 5.4.1 基本功能

本节具体介绍如何用VB编写基于平行语料库的汉英双语词典编纂系统，我们希望该系统具有以下主要功能：

（1）在语料库中进行关键词精确查询和模糊查询的功能；

（2）逐条显示查询结果的功能；

（3）选择当前记录为例句的功能；

（4）通过记录进行释义的功能；

（5）简单的统计功能；

（6）保存词条编纂信息的功能。

### 5.4.2 系统运行界面

图5-4是基于平行语料库的词典编纂系统运行界面。

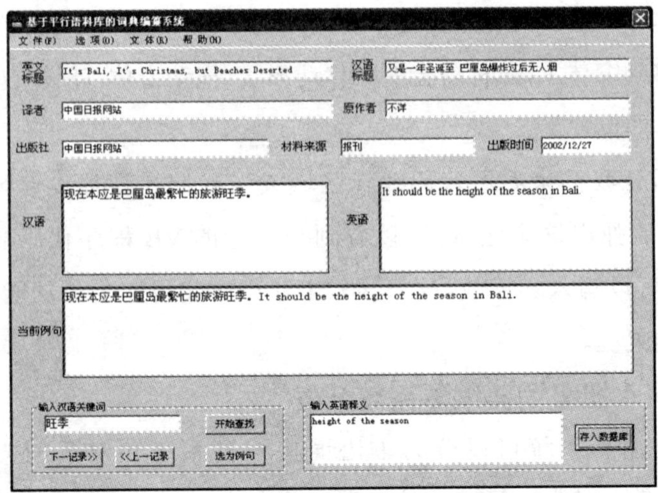


**图 5-4　词典编纂系统运行界面**

### 5.4.3 系统使用对象

系统使用的主要对象有数据库和控件。数据库有两个：平行语料库数据库（cpsdict.mdb）和在编词典数据库（entry.mdb）。主要控件如下表：

**表 5-4　系统主要控件及其作用**

| 控件类别 | 控件名称 | 作用 |
|---|---|---|
| 文本框1 | Textbox1 | 用于输入汉语关键词 |
| 文本框2 | Textbox2 | 用于输入英语释义 |
| 高级文本框1 | Richtextbox1 | 显示命中的汉语句子 |
| 高级文本框2 | Richtextbox2 | 显示命中的英语句子 |
| 高级文本框3 | Richtextbox3 | 显示当前例句 |
| 命令按钮1 | Commandbutton1（开始查找） | 执行查找 |
| 命令按钮2 | Commandbutton2（下一记录） | 显示下一个命中语料 |
| 命令按钮3 | Commandbutton3（上一记录） | 显示上一个命中语料 |
| 命令按钮4 | Commandbutton4（选为例句） | 选择当前语料为例句 |
| 命令按钮5 | Commandbutton5（存入数据库） | 将释义、例句以关键词为索引存入词典数据库 |
| 数据控件1 | Data1 | 用以打开平行语料库 |
| 数据控件2 | Data2 | 用以保存词典数据 |

高级文本框 Richtextbox1、Richtextbox2 和 Richtextbox3 的 Locked

属性设为 false，以允许用户在系统主界面上直接对例句进行修改。来自语料库的某些句子不一定适合词典例句的需要，适当修改后才可以保存到词典数据库中。

### 5.4.4 程序设计与代码

为了程序能够正确运行，首先需要在通用部分声明变量。对于本系统来说，需要声明变量用以与数据库、数据库中的记录、文本框和 SQL 语句交换数据。代码如下：

```
Dim db As Database
Dim rec As Recordset
Dim f, o, p, s, sqlstr As String
```

另外，在表单的加载项部分还需要通过下列代码打开数据库，即平行语料库：

```
Set db = OpenDatabase (App.Path & "\cpsdict.mdb", False, False)
```

接下来就可以针对具体控件进行编程了。本系统的关键就是查找，“开始查找”命令按钮的具体代码如下：

```
o = art1
f = "select * from "
p = "where chinese like '*"
sqlstr = f & o & p & Text1.Text & "*'"
Set rec = db.OpenRecordset (sqlstr)
Set Data1.Recordset = rec
Data1.Refresh
RichTextBox1.DataField = "chinese"
RichTextBox2.DataField = "english"
s = Text1.Text
RichTextBox1.Find (s)
```

```
RichTextBox1.SetFocus
```

接着还需要对“上一记录”、“下一记录”、“选为例句”、“存入数据库”等几个命令按钮进行编程，下面介绍一下具体代码。

“上一记录”按钮的代码为：

```
Data1.Recordset.MovePrevious
```

“下一记录”按钮的代码为：

```
Data1.Recordset.MoveNext
```

“选为例句”按钮的代码为：

```
Clipboard.SetText "{" & RichTextBox1.Text + RichTextBox2.Text & "\par}"
Richtextbox3.SelRTF = Clipboard.GetText
```

“存入数据库”按钮的代码为：

```
Set db = OpenDatabase(App.Path & "\entry.mdb")
Set rec = db.OpenRecordset("cimubiao")
rec.AddNew
rec("entry") = Text1.Text
rec("translation") = Text3.Text
rec("citation") = Richtextbox3.Text
rec.Update
Data2.Refresh
```

至此，主要代码编写结束，系统现在可以运行了。当然本章所示的只是初步的词典编纂系统，但其已经具有了基于平行语料库的词典编纂系统的主要功能，即模糊检索的功能、语料提取和保存的功能等。在此基础上，若对程序进一步丰富，就可以开发出功能强大的词典编纂系统。例如，可以通过下列代码对查询结果进行统计：

```
SELECT COUNT (字段) as dlcount FROM (数据表) WHERE (字段)
```

LIKE '*(Text 1.Text)*'"

然后通过文本框显示统计数值：

```
Text.Text = rec!dlcount
```

# 第六章　专题研究

本章以词义研究为中心，首先讨论搭配语义对词义研究的重要性。对于双语词典来说，词汇对等研究和跨语言词汇对应网络的构建是词义研究的主要内容。由于语言间的差异，甲语言的某个词汇在乙语言中常常没有对应词。如果我们把词汇作为一个系统来看，那么双语词典的释义就是建立两种语言的词汇对等系统。利用语料库对语言系统进行考察，研究语言间词汇的对等情况，为空缺的词位提供解决方案是语料库词典学的重要研究领域。

## ◆ 6.1 搭配语义研究

如果我们把搭配理解为词语在一定范围内的共现，那么由这种或相互制约、或相互吸引的关系所形成的共同体与其个体相比较在信息量上可能会有下列变化：

（1）词汇意义的变化；

（2）语法意义的变化；

（3）组合本身所带来的期待义或联想义。

搭配语义研究主要涉及词语之间的搭配制约，如“弹琵琶”而不是“拉琵琶”，“拉二胡”而不是“弹二胡”，watch TV 而不是 see TV，同时还包括搭配词（collocate）之间的语义互动关系，即语义搭配，如语义偏好（semantic preference）和语义韵（semantic prosody）等。（Sinclair，1991，1996）广义的搭配研究还包括语法搭配，即类联接（colligation）研究。

### 6.1.1 搭配与词义

搭配语义是词义的重要组成部分。搭配研究通常集中在词汇搭配和语法搭配上，这也是词典编纂到目前为止主要的关注对象。动词词组 look forward to 后面接动名词是语法搭配，由于语法规则具有开放性的特点，只要符合语言的一般原则，具体用词没有限制，所以这样的搭配又被称为非限制性搭配。词汇搭配是词与词之间的组合关系，它是有限的、封闭的，如 refuse an invitation 这样的搭配中，可以将 refuse 换成 decline，但却不能用 reject，类似的搭配也被称为限制性搭配。限制性搭配主要指成语和封闭组合，成语的意义往往难以从字面理解，封闭组合的意义虽然可以从字面理解，但组成封闭组合的搭配词也不可以用其他词置换，如在 foot the bill 这个封闭组合中就不可以用 bill 的近义词 money、fee、charge 等来置换 bill。与限制性搭配相反，非限制性的搭配允许搭配词在符合规则的范围内被自由置换，如 make a joke、cut a joke 和 crack a joke 都是可以接受的搭配组合。

语义偏好和语义韵讨论的分别是搭配的语义限制和语义的和谐，它们赋予词汇的搭配知识也是搭配语义的组成部分。

语义偏好指的是与节点词相关的搭配词所具有的相同或相似的语义特征。辛克莱对英语短语 naked eye 的搭配词语义偏好进行了研究，结果表明其搭配词具有"（不）可见性"的语义偏好（Sinclair，1996）。

下面我们用语料库考察汉语词"狗"的搭配词语义偏好。

在 PECC 中以"狗"为关键词进行检索，翻译过程参数设置为"汉译英"，这样检索到的语料都以汉语为源语，反映的是汉语里该词的特征。检索到语料总数 284 句，去除"狗"位于句首的句子，以及包含"一条狗"、"不如狗"、"像狗"等语料噪音的句子，剩余语句共 61 句。其中除了下列 4 句语料是以"狗"为中心词的动宾结构之外，其余 57 条记录都是偏正结构。

（1）老头子一路叱骂着**狗**，满脸通红地走了进来，看见石青嫂子不替他赶**狗**，不招呼他，也不请坐，心里很是不快，便讥嘲似地骂道："你那样望着做啥子？我又不是作强盗的！"

（2）石青嫂子这回也替他赶**狗**了，只是回头来，把老头子说的"收新斗一石"，只听清了"一石"两个字，便像拿给**狗**咬了似地叫了起来："呵呀，你老人家还说减了，这是减的啥子鬼哪！"

（3）五魁再也在屋里坐不住，黑明不分地在村巷中走，看什么也不顺眼，见鸡撵鸡，逢**狗**打**狗**，旁人说一句，就张口叫骂，甚至大打出手。

（4）听了五魁叙说，老爹倒生了气，说女儿嫁了柳家，嫁鸡就要随鸡，嫁**狗**就要随**狗**，何况柳家何等豪富，人一生有吃有喝还不是享福吗？

对于偏正结构的搭配，去除重复的搭配（如"走狗"、"落水狗"等都出现于多条语料中），剩余语料如下（对部分较长的句子进行了删减）：

（1）小光提出马上就骑，老纪说："爸爸现在正在做饭，哪有工夫陪你玩？等吃完饭一定让你骑个够，撒谎是小**狗**。"

（2）赶着猎**狗**的捕猎社员，也悄悄地摸到这儿。

（3）他骂我什么来？黄**狗**，黄**狗**倒是一个好名词。

（4）街上没有什么人，只有些野**狗**追着鼓手们咬。

（5）在事后一想，我们娘儿俩就像两个没人管的**狗**，为我们的嘴我们得受着一切的苦处，好像我们身上没有别的，只有一张嘴。为这张嘴，我们得把其余一切的东西都卖了。

（6）当真转去没有？不。三十里路，路上有豺**狗**，有野猫，有查夜放哨的团丁，全是不好惹的东西，转去实在做不到。

（7）尤其是县政府豢养的警察、警备队、差役这班恶**狗**，他们怕下乡，下乡也不敢再敲诈。

（8）他们是帝国主义的走**狗**。

（9）你们看，不是有点奇怪吗？并不奇怪，这不过是大**狗**小**狗**饱**狗**饿

**狗**之间的一点特别有趣的争斗，一个不大不小的缺口，一种又痒又痛的矛盾。

（10）“你说谁是小母**狗**？”她离大壮的女人还有十码远，就发出了战斗的檄文。

（11）猪**狗**！畜生！你们看什么？我的朋友，这可怜的拉车者，是为你们所逼死的呀！你们还看什么？

（12）又谓不“打落水**狗**”，即足以补充“费厄泼赖”的意义。

（13）叭儿**狗**如可宽容，别的**狗**也大可不必打了，因为它们虽然非常势利，但究竟还有些像狼，带着野性，不至于如此骑墙。

（14）可是革命终于起来了，一群臭架子的绅士们，便立刻皇皇然若丧家之**狗**，将小辫子盘在头顶上。

（15）无论其怎样落水，为人也则帮之，为**狗**也则不管之，为坏**狗**也则打之。

（16）也就是这时，他发现远处草坡上出现了一只半大的小白**狗**，蹦蹦跳跳、愣头愣脑地游荡着，打打滚儿，咬自己的尾巴转圈儿玩，很天真的一副傻样子。

（17）仿佛一头懒**狗**一样，断腿天兵就在王爷的殿堂了等待着他的末日。

（18）后面尾追着一群黑色的**狗**，一面跑，一面还在嗥叫。

（19）这死**狗**！

（20）“嗨，骚**狗**子！嗨，骚**狗**子！

（21）漫长的一天里，他恨着自己不是个土匪，若是有土匪的蛮力和枪杆，他也不至于这般容忍了掌柜这老**狗**！

（22）走到了西城根，他加紧了脚步，一条偷吃了东西的**狗**似的，他溜出了西直门。

对于动宾结构的搭配来说，语料显示，与“狗”搭配的动词具有攻击性和排斥性的特征，如“骂 / 打 / 赶狗”。“逢 / 嫁 / 随狗”这些搭配显示的是被动性，这是另一种形式的排斥性，是隐含的攻击性。

对于偏正结构的搭配来说，除了“猎狗”和“小白狗”之外，其余搭配中，修饰“狗”的词汇都具有“贬低、赌咒”等语义偏好。在“撒谎是小狗。”这句话中，“小狗”是对自己撒谎的赌咒，“小狗”也不能理解为“可爱的幼小动物”。

因此，我们可以对汉语里“狗”的搭配词语义偏好（连同语法搭配）作以下总结：“狗”的前置搭配词常表现为修饰语或动词，修饰语常有“贬低、赌咒”等语义偏好，动词有“攻击性、排斥性”等语义偏好。

语义韵也叫话语韵（discourse prosody），指的是修饰节点词的搭配词由于具有相同或相似的语义偏好，最终影响了节点词的语义，使之拥有了搭配词所包含的或贬或褒的联想意义。语义韵可以分为消极语义韵（negative semantic prosody）、积极语义韵（positive semantic prosody）和中性语义韵（neutral semantic prosody）（Stubbs，2002：105–108）。

以上文的“狗”为例，由于搭配词的语义偏好是“贬低、赌咒、攻击性、排斥性”等，所以在汉语里，“狗”具有消极的语义韵。

语义韵是非常有趣的研究，它加深了我们对词义的理解。汉斯顿（Hunston，2006：60–61，142）的研究揭示了 sit through 具有“乏味”的语义韵，set in 具有“不祥”的语义韵。因此，英语句子“He sat through the film.”表明他没有被电影吸引，而是觉得其冗长乏味；“A spell of fine weather set in.”这句英文由于语义韵的不和谐而显得不自然。

### 6.1.2 语料库与词典搭配研究

从某些关键词的检索语料来看，词汇常常无法释义或无需释义，它的搭配语义才是最重要的。如“打”的义项之一，《现代汉语词典》（2006）释义为“殴打、攻打”，在语料库中我们检索到与该义项相关的许多搭配，如“打架”、“打仗”、“打碉堡”、“打假”、“打晕”、“打屁股”、“打死人”、“打蚊子”、“打手心”、“打老婆”等。由于“打”具有很强的搭配力，共性经验值难以分析，释义难以胜任重现共性经验值的任务。这种情况下应该淡化释义的功能，强化搭配释义的作用。

以上是单语词典的情况，那么双语词典的情况又如何呢？

释义是针对单语词典而言的，双语词典的对应词相当于单语词典的释义。双语词典的释义一直是词典编纂的重点和难点之一，在没有大规模真实文本平行语料库的时候，释义或赋予词目一个对应词大多数情况下只有靠内省的办法。使用平行语料库，词目释义就发生了根本性的变化。利用语料库索引工具可以从英汉平行语料库中提取大量的具有互译特征的句对，然后在实际语境中分析词目以及译文中词目的对译情况，在此基础上可以获得较为客观的、真实的释义或对应词。

与单语词典相比，双语词典的释义存在更多的问题。它不仅具有单语词典释义表现出来的各种问题，而且还存在由于两种语言的差异而带来的解释力不够的问题，这主要表现在无法体现源语词目和目标语释译之间的语法、用法和文化差异等。

语法差异相对比较容易识别，使用者只要具有一定的语法知识，在使用释译进行语言编码时通常不会犯语法错误。例如 fight 是“打”的释译之一，在语言编码时，使用者通常不会生成“I fighting.”、“I'm fought.”这样的句子。

文化差异虽然存在，但涉及的词语只是少数，语言间的差异主要体现在语言系统本身，文化局限词的处理也不是双语词典的核心任务。

词语的用法特征常通过搭配来体现，搭配是词目在语言中的具体使用，属于言语，语言使用者脑中搭配储存的多寡与语言生成能力密切相关；搭配语义是词目本义的一部分，是释译不可或缺的补充。因此，搭配及搭配语义研究是双语词典释义的主要任务之一。

还以“打”的上述义项为例，汉英词典给出的释义是“fight; beat;

attack; strike”，但如此简单的释义显然无法重现该义项的经验值。对于积极型词典来说，对语言编码意义不大，编码者难以据以上释义将“打仗”、“打昏”、“打蚊子”、“打桩”、“打手心”译成正确的英语。借助语料库挖掘典型的搭配并释义才能对此类活性词有效地赋值，其核心经验值只有通过搭配才能够体现，释义必须与反映搭配语义的内词条相结合。该义项可用下列方式编写：

【打】fight; beat; attack; strike: ～架 fight; come to blows; scuffle; get into a punch-up with | ～仗 wage (fight) a war | ～碉堡 attack a stronghold | ～假 crack down on counterfeit goods | ～昏 knock sb out | ～屁股 spank sb; hit sb on the bottom | ～死（人）beat (sb) to death | ～蚊子 swat a mosquito | ～手心 crack sb on the hand | ～桩 drive a pile

内省的缺点在搭配研究中是显而易见的，搭配研究需要数据的积累和分析，语料库方法作为新的手段具有显著的优势，也可以说，基于语料库的搭配研究是搭配研究科学性的保证。

语料库使词汇搭配研究摆脱了内省研究的局限，通过检索工具（concordancer）获得的索引行或数据为搭配研究提供了直接而有效的素材。词汇搭配的收录对词典编纂是非常重要的，通过对检索数据的分析可以收录适合词典类型需要的词汇搭配。可以说，借助语料库，词汇搭配的收录变得相对简单而易于操作。搭配的收录可以通过并不复杂的语料检索、语料分析和选择加工的过程来完成。下面我们通过一个实例来看平行语料库在词汇搭配考察中的运用。

双语词典的搭配研究重点有别于单语词典，对于单语词典来说，词汇搭配的识别和选择是语料库词典学的主要任务，如节点词“看”的搭配词。但是，双语词典不仅需要“看书”、“看电视”、“看电影”、“看戏”这样的词汇搭配，更重要的是如何用目的语表达这些搭配。对于积极型编码词典来说，双语词典的主要目的是指导语言的正确生成。但这一任务单靠释译是无法完成的，释译词的搭配特征和搭配关系，也就是搭配语义，对语言编码常常更为重要。

汉语词“深”表示颜色时在词典上通常都释义为 deep 或 dark，但它们是否能互用，或者何时用 deep，何时用 dark，与“深”搭配构成的短语该如何翻译？对于这些问题，目前的词典还没有提供系统全面的搭配信息。

下面是 PECC 中检索到的有关“深”的典型语料：

（1）我在朦胧中，眼前展开一片海边碧绿的沙地来，上面**深**蓝的天空中挂着一轮金黄的圆月。我想：希望本是无所谓有，无所谓无的。这正如地上的路；其实地上本没有路，走的人多了，也便成了路。As I dozed, a stretch of jade-green seashore spread itself before my eyes, and above a round, golden moon hung from a **dark** blue sky. I thought: hope cannot be said to exist, nor can it be said not to exist. It is just like roads across the earth. For actually the earth had no roads to begin with, but when many people pass one way, a road is made.

（2）一个人在马路上从狭隘的**深**蓝天空里看看群星，慢慢的向前行走，一边作些漫无涯涘的空想，倒是于我的身体很有利益，当这样的无可奈何，春风沉醉的晚上，我每要在各处乱走，走到天将明的时候回家里。Strolling, solitary, under the narrow strip of **dark** blue sky I gazed at the stars and let my thoughts soar in fantasy. This was beneficial to my health. On such intoxicating spring nights, when I felt carried away, I often roamed round until it was nearly dawn before I returned to bed.

（3）那天两人在吃樱桃——味美粒大的黑樱桃，液汁黑得像**深**色的酒。They had been eating cherries—great, luscious, black cherries with a juice of the color of **dark** wine.

（4）十月的一个下午，或者是十一月初吧——一个清新欲雨的下午，落在草皮与小径上的潮湿的枯叶簌簌地发出响声，寒冷的蓝天有一半被云遮住了——**深**灰色的流云从西边迅速地升起，预报着大雨即将来临——我请求我的小姐取消她的散步，因为我看准要下大雨。On an afternoon in October, or the beginning of November—a fresh watery afternoon, when the turf and paths were rustling with moist, withered leaves, and the cold, blue sky was half hidden by clouds—**dark** grey streamers, rapidly mounting from the west, and boding abundant rain—I requested my young lady to forego her ramble, because I was certain of showers.

（5）她的脖子四周是一圈晨衣的细绒褶边，她那一头他现在还记忆犹新的**深**棕色头发，一半挽在头上，一半披在肩上——那显然是她匆忙下楼的缘故。Her neck rose out of a frill of down, and her well-remembered cable of **dark**-brown hair was partially coiled up in a mass at the back of her head and partly hanging on her shoulder—the evident result of haste.

（6）他们在苍茫的夜色中慢慢地向一个地点走去，就在那个地点的附近，有一点儿微弱的亮光照明着；白天，那个地方不时在**深**绿色的背景里冒出一道白色的蒸气，说明那个地方是这个幽僻的世界同现代生活相联系的一个断断续续的联接点。They crept along towards a point in the expanse of shade just at hand at which a feeble light was beginning to assert its presence, a spot where, by day, a fitful white streak of steam at intervals upon the **dark** green background denoted intermittent moments of contact between their secluded world and modern life.

（7）在布满白露的草地上，有晚上奶牛躺卧后留下的印迹——在露珠构成的汪洋大海里，它们就是由于草形成的一些**深**绿色岛屿，和奶牛的身体一般大小。On the gray moisture of the grass were marks where the cows had lain through the night—**dark**-green islands of dry herbage the size of their carcasses, in the general sea of dew.

（8）不过她在他身上看不出他有记得的迹象，也就放心了。她还逐渐看见，自从他们第一次也是仅有的一次相遇以后，他那生动的脸变得更为深沉了，嘴上已经长出了年轻人有的漂亮胡须了——下巴上的胡须是淡淡的麦秸色，已经长到了两边的脸颊，逐渐变成了温暖的褐色。他在麻布围裙里面穿一件**深**色天鹅绒夹克衫，配一条灯芯绒裤子，扎着皮绑腿，里面穿一件浆洗过的白衬衫。But it passed away when she found no sign of remembrance in him. She saw by degrees that since their first and only encounter his mobile face had grown more thoughtful, and had acquired a young man's shapely moustache and beard—the latter of the palest straw colour where it began upon his cheeks, and deepening to a warm brown farther from its root. Under his linen milking-pinner he wore a **dark** velveteen jacket, cord breeches and gaiters, and a starched white shirt.

（9）就在她左边不很远的地方，她看见风景中有一块**深**色的地方，一问别人，证明她的猜想果然不错，那是把金斯伯尔的近郊区别开来的树林——就在那个教区的教堂里，埋葬着她的祖先——她的那些毫无用处的祖先的枯骨。Not so very far to the left of her she could discern a **dark** patch in the scenery, which inquiry confirmed her in supposing to be trees marking the environs of Kingsbere—in the church of which parish the bones of her ancestors—her useless ancestors—lay entombed.

（10）这时候，你就可以看见一个年轻漂亮的女孩子了，她长着一张鸭蛋形的脸，**深**色的眼睛，又长又厚的头发平平整整的，好像它无论披散在什么上面，都会被紧紧地粘住。Then one can see the oval face of a handsome young woman with **deep dark** eyes and long heavy clinging tresses, which seem to clasp in a beseeching way anything they fall against.

（11）但是她的帽子拉得低低的，盖住了她的额头，所以在她捆麦子的时候，一点儿也看不见她的脸，不过从她的帽檐下面散落出来的一两绺**深**褐色头发上，大致可以猜测出她的皮肤的颜色来，她不能躲避别人的偶尔注意，也许有一个原因就是她不想别人注意她，而其他的妇女们的眼睛总是流波四顾的。But her bonnet is pulled so far over her brow that none of her face is disclosed while she binds, though her complexion may be guessed from a stray twine or two of **dark** brown hair which extends below the curtain of her bonnet. Perhaps one reason why she seduces casual attention is that she never courts it, though the other women often gaze around them.

（12）田地只是一些围场，从高处看去，它们缩小了，所以卫面的树篱就好像是用**深**绿色的线织成的网，铺展在浅绿色的草地上。下面的大气是宁静的，染上了一层浅蓝，甚至连被艺术家称作中景的部分，也染上了那种颜色，但是远方的地平线染上的却是浓重的**深**蓝。The fields are mere paddocks, so reduced that from this height their hedgerows appear a network of **dark** green threads overspreading the paler green of the grass. The atmosphere beneath is languorous, and is so tinged with azure that what artists call the middle distance partakes also of that hue, while the horizon beyond is of the **deep**est ultramarine.

（13）德伐日太太**深**色的眼睛跟随着她那迅速的行动，然后落在她身上。Madame Defarge's **dark** eyes followed her through this rapid movement, and rested on her when it was finished.

（14）她跟孩子都穿类似丧服的朴素的**深**色服装，却全都跟欢乐日子里的彩色服装一样，收拾得整整齐齐。The plain **dark** dresses, akin to mourning dresses, which she and her child wore, were as neat and as well attended to as the brighter clothes of happy days.

（15）这人身体结实，**深**色鬈发，年纪在四十五至五十。He was a strongly made man with **dark** curling hair, from forty-five to fifty years of age.

（16）年约四十，身高约五英尺九，黑色头发，微黑皮肤，大体可以算漂亮。**深**色眼珠,脸瘦长,灰黄。鹰钩鼻,但不直,略向左颊歪斜,因此表情阴险。Age, about forty years; height, about five feet nine; black hair; complexion dark; generally, rather handsome visage; eyes **dark**, face thin, long, and sallow; nose aquiline, but not straight, having a peculiar inclination towards the left cheek; expression, therefore, sinister.

(17)这一切注视与喧哗的目标是一个大约二十五岁的青年男子,身材匀称,气色良好,有一张被阳光晒黑的面孔和一对**深**色的眼睛,看样子是一个年轻的绅士。他穿着朴素的黑色(或许是**深**灰色)的衣服,长长的**深**色头发用带子系好挂在脑后;主要是避免麻烦而不是为了装饰。The object of all this staring and blaring, was a young man of about five-and-twenty, well-grown and well-looking, with a sunburnt cheek and a **dark** eye. His condition was that of a young gentleman. He was plainly dressed in black, or very **dark** grey, and his hair, which was long and **dark**, was gathered in a ribbon at the back of his neck; more to be out of his way than for ornament.

(18)这名名叫马莎·麦克萨莉的空军中校12月3日向法院提交了诉状,控告美国驻沙特空军基地的荒谬军规:女兵外出时如果没有男性陪伴,没有从头到脚裹上**深**色阿拉伯长袍或者乘车时坐在了前排座位上都要受到军令处置。According to the lawsuit filed by Lt. Col. Martha McSally on December 3, women can be court-martialed if they leave Prince Sultan Air Base without a male chaperone, are not covered from head-to-toe with a **dark** "abayah" robe, or sit in the front seat of a vehicle.

(19)民间有"猫有九条命"的说法,这次Buddy猫用自己的一条命救了主人的一条命。1月31日位于多伦多市郊Buddy和它主人居住的寓所突然起火,这只长有**深**色条纹的花猫跳到主人身上,大声地"喵喵"叫,直到把主人从睡梦中叫醒。The **dark** tabby transferred some of his own nine lives to his owner when a fire erupted in their shared apartment in a Toronto suburb on Thursday. The cat responded by jumping on the man and meowing loud enough to wake him up.

（20）我们的船向前走，两岸的青山在黄昏中，都装成了**深**黛颜色，连着退向船后梢去。As we set off, the green mountains on either side of the river became **deep** blue in the dusk, receding behind the stern of the boat.

（21）这时候，我的脑里忽然闪出一幅神异的图画来：**深**蓝的天空中挂着一轮金黄的圆月，下面是海边的沙地，都种着一望无际的碧绿的西瓜，其间有一个十一二岁的少年，项带银圈，手捏一柄钢叉，向一匹猹尽力的刺去，那猹却将身一扭，反从他的胯下逃走了。At this point a strange picture suddenly flashed into my mind: a golden moon suspended in a **deep** blue sky and beneath it the seashore, planted as far as the eye could see with jade-green watermelons, while in their midst a boy of eleven or twelve, wearing a silver necklace and grasping a steel pitchfork in his hand, was thrusting with all his might at a "zha", which dodged the blow and escaped between his legs.

（22）不久，她走到了那片宽大的斜坡边缘，斜坡下面就是黑荒原谷的大片沃土，现在还隐匿在雾霭里，沉睡在黎明中。这儿和高地无色的空气不同，在山谷里，那儿的大气是一种**深**蓝色。In time she reached the edge of the vast escarpment below which stretched the loamy Vale of Blackmoor, now lying misty and still in the dawn. Instead of the colourless air of the uplands the atmosphere down there was a **deep** blue.

（23）要念这个本地的音节，苔丝得把她**深**红的嘴巴撅起来，但是又刚好没有把形状固定下来，她的下嘴唇在上嘴唇的中部有点儿撮起，念完一个字后，她才把嘴巴闭起来。The pouted-up **deep** red mouth to which this syllable was native had hardly as yet settled into its definite shape, and her lower lip had a way of thrusting the middle of her top one upward, when they closed together after a word.

（24）后来教堂里鸦雀无声，大家静心等候了一阵才见波莉姨妈走了进来，后面跟着希德和玛丽；过了一会哈帕一家也进来了，他们都穿着**深**黑色的衣服。这时全场起立，连年迈的牧师也不例外。大家都恭恭敬敬地站着一直等到刚进来的那些人在前排就座后这才坐下来。There was finally a waiting pause, an expectant dumbness, and then Aunt Polly entered, followed by Sid and Mary, and they by the Harper family, all in **deep** black, and the whole congregation, the old minister as well, rose reverently and stood until the mourners were seated in the front row.

（25）海是**深**蓝色的，说不上光滑；排了队的小浪开正步走，数不清有多少，喊着口令"一，二，一"似的，朝喇叭口的海塘来了。The sea is **deep** blue, and cannot be called smooth, for countless rows of small breakers are marching in parade-step as if following the shouted command, "One, two! One!", towards the trumpet-shaped jetty.

对以上语料进行分析，可以得出以下结论：

第一，dark 比 deep 更为常用，deep 必须后接其他的颜色词，或者 color 这样的词汇，单独使用表示"深色的"时候，通常都用 dark。

第二，dark 和 deep 都可以作为颜色词，如 green、blue 等的修饰语，dark green、dark blue 和 deep green、deep blue 都是常见的搭配。但是，dark 和 deep 的搭配却不尽相同，语料显示：red 和 black 常与 deep 搭配，也就是说 deep red 和 deep black 是常见的组合，dark red 和 dark black 的组合就比较罕见；另一方面，dark 常与 brown 和 green 构成搭配关系。用 BNC 进行验证，结果与此相同。因此，汉英词典有必要将这些搭配作为内词条列出。

语法搭配也可以通过索引行获得足够的信息。如前文的语料显示，在汉语里，"狗"常和形容词构成类联接。贝克尔等（Baker，et al，2006：36）的研究认为 window 常与介词构成类联接。对于词典学来说，语法搭配的研究重点是类似于 look forward to 与动名词构成的类联接，此类类联接由于具有排他性而关系到语言的生成是否正确。诸如像 window 与介词的类联接是非排他性的，我们不能据此推论介词与 window 的搭配是正确的，例如 since the window、along with the window 等都是不典型或不恰当的结构；我们也不能推论动词与 window 的搭配是错误的，例如 open the window 却是常用的搭配。类联接目前还只是一个概念，需要进一步的研究拓展其理论和实践价值。

语义韵和语义偏好的研究更加依赖语料库，因为我们无法通过内省获得某个词的语义韵或者搭配词的语义偏好。

汉斯顿（Hunston，2006：141-142）对语义韵的特征有过如下总结：

（1）短语在意义的形成过程中比词汇本身的作用更大，语义韵是这一假设的产物，也是对这一假设的进一步论证；

（2）语义韵只能来自于对大量语料的观察，因为它必须通过词汇或短语的典型用法才能判断和获得；

（3）语义韵是词汇本义之外的隐含意义（connotation），它通常是正面或负面的评价，而以负面的为多；

（4）语义韵可以被语言使用者故意违背，从而表达讽刺或其他言外之意；

（5）语义韵难以通过语感获得，很少有人会将 set in 的意思理解为“不好的事情将要发生”。

因为语义韵不能依靠语感获得，语义韵的研究是基于语料的，因此，语料库是研究语义韵的基础。语义韵是通过对包含关键词的短语进行观察分析的结果，充分证明了短语在意义形成中的作用。语义韵是搭配语义的重要组成部分，词典搭配研究需要包含语义韵研究，而且研究必须是基于短语的（phraseology-based），而不是基于词汇的（word-based）。

语义韵的研究揭示了词语的隐含义，丰富了词汇语义。例如对 set

in 和 sit through 的语义韵研究可以令词典释义更为准确,从而提高了词典的编码和解码能力。

语义韵的研究还可以揭示具有相同指称义的词汇在不同语言间附加义的差异。在汉语里,“狗”具有消极的语义韵,但是来自于 BNC 的语料显示,dog 在英语里却具有积极的语义韵。以下数据来自于 BNC,语料选择方式为随机下载 100 个记录,下面是其中部分语料:

(1) Plague followed the armies like a faithful **dog**.

(2) In reality, though, he is top **dog** already.

(3) Cranston turned and quietly cursed as the madman scampered across the snow to greet them, yelping like an affectionate **dog**.

(4) She, skilled in the ways of therapy, had after the first few sessions begun dissecting his own motives for him and Kevin, like an obedient **dog**.

附加义的差异有时反映的是文化的差异,在双语词典编纂阶段,特别是在释译和配例时要对其加以考虑。

语义偏好的识别与语义韵的识别相似,也是通过以短语为基础的语料库方法。语义偏好和语义韵常常是相辅相成的,搭配词的语义偏好往往映射了节点词的语义韵。语义偏好揭示的是词语搭配的典型用法,有利于词典收录典型的搭配和例证。

### 6.1.3 小结

搭配在语言中无处不在,由搭配构成的短语是人们理解和生成语言的基本材料。对跨语言交际来说,搭配在结构或意义方面的约定俗成常常成为双语交际的难点。搭配在语言交际中的重要性,以及词典收录搭配信息的意义已经被广大词典学者们所认同。词典学家荷恩毕(Hornby)说:“懂得如何按照正确的次序进行单词的搭配,这与懂得单词的意义是同等重要的。”(荷恩毕,1981:2)从词汇语义学的角度看,搭配属于词汇间的组合关系。搭配是语言使用的微观语境,对词义有选择和制约作用，在有些情况下，语义的差异，特别是同义词间语义的差异，是通过搭配揭示出来的。

由于语料库真实地记录了语言的使用情况，大型语料库如同丰富的矿藏，搭配信息就蕴藏在其中。但是，目前在搭配的自动识别和提取方面还有许多工作要做，自动提取的索引行包含了大量的噪音，而去除它们仍然依赖研究者的判断。搭配的识别和提取是搭配研究的首要任务，它也应该是目前语料库词典学搭配语义研究的重点。

## ◆ 6.2 英汉词汇对等研究

释义研究无疑是双语词典研编的重要内容，对等关系的考察有助于科学释义，不同的对等关系要求释义采取不同的方式。平行语料库拓展了语言间词汇对等研究的方法，本节运用 PECC 来研究英汉语词汇间完全对等和零对等这两种特殊的对等形式。

### 6.2.1 等值论及其对双语词典研编的意义

等值（equivalence）是从数学领域引进到翻译学中的一个概念，翻译等值（translation equivalence）论⑦一经提出并很快升温，继而成为西方翻译理论中的核心概念。霍姆斯（Holmes，1988）说：“equivalence 和 equivalent 是几乎所有现代理论著述中的中心术语。等值也大概成了广大译者苦心追求的目标。”

等值理论在认为语言文化间存在差异的同时，也肯定了语言间通过翻译可以建立某种对等关系。等值可以体现在不同的层面上，如词汇层面、短语层面、语法层面、文体层面、篇章层面等。卡特福德的“完全翻译”要求源语和目的语在词汇和语法的双重层面上都达到等值的目标，因此

⑦ “翻译等值”也被称为“翻译对等”，本书中这两个术语也是同义的。另外，英语里的equivalent可译为“对应词”或者“对等词”，在本书中，当谈到双语词典释义的时候，我们使用“对应词”；在其他情况下，例如在讨论“翻译对等”的时候，我们依照习惯，继续使用“对等词”这一术语。另外，“对应”和“对等”本具有不同的含义，book和“书”之间有对应关系，但他们并不对等，或者说他们之间只是部分对等的关系。

词汇和语法的对等可以被视为翻译等值的首要目标。但由于语言间的差异，“完全翻译”常常行不通，以在某一层次上等值为特征的有限翻译成为了另外一条途径。具有等值关系的英汉语文本为英汉语词义对比研究提供了大量的原始素材，词汇、词块（chunk）、句子以及句段层面上的对等为双语词典的释义提供了丰富的给养。

词典作为解释和描述词汇的工具书，决定了词典编纂和研究要以词汇为中心，而对于双语词典而言，语际间的词汇对比是其核心内容。正如托马谢夫斯克（Tomaszczyk，1983）所言的“任何双语词典编纂都是比较词汇学的演练”，两种语言间的词汇对应关系就是建立在词汇的比较研究基础之上。我国学者雍和明（2003：136）认为双语词典编纂者的基本任务就是协调源语和目的语词汇单位，建立对等关系，即“词条的每一个义项与其目的语对等义项之间的关系”。因此，词汇对应网络的建立是双语词典的首要任务。

词汇语义的研究主要集中在释义和义项研究上，释义是双语词典价值最为集中的体现，释义的准确度是衡量双语词典质量的主要标志。此外，汉语词多一词多义，只有进行系统的义项分辨研究才能提供合适的英语对应词。

双语词典的释义有别于单语词典，单语词典的释义主要有两类：对释式和定义式。双语词典的释义要使用不同的语言，即目的语，因此“翻译对应词”的方式取代了对释式的方式，单语词典定义式的释义方式在双语词典中也常常使用，只不过使用了不同的语言而已，双语词典的定义式释义就是“解释性对应词”。

对于积极型汉英词典来说，翻译对应词释义具有显著的优点。积极型汉英词典的目的是语言的生成，而不是理解。翻译对应词因为具有较好的可插入性，因此成为积极型双语词典优先使用的释义方式。

英汉词汇的对等关系直接影响词典释义的方式，例如完全对等和对释式之间以及零对等和定义式之间就有紧密的关联。

虽然英汉语词汇间的对应关系主要表现为部分对等，但以往的研究表明完全对等和零对等也是存在的（兹古斯塔，1983：432；Al-Kasimi 1983：65；雍和明，2003：185-189），同部分对等相比，它们对双语词典的编纂也具有同样重要的意义。完全对等虽然罕见，但研究完全对等产生的原因和存在的状态会更好地揭示部分对等和零对等具有的规律。而零对等是阻碍双语词典交际的最大障碍之一，雍和明（2003：185）认为它是双语词典编者必须解决的最棘手问题之一，双语词典的质量和编用交际的效率在最大程度上取决于对零对等的处理。下面试用语料库语言学的方法对完全对等和零对等进行考察。

### 6.2.2 完全对等和零对等的语料库考察

从双语词典研编的角度看，词汇对等的考察就是词汇义项的对比考察。在词汇语义学的理论下，义项相当于义位。

义位是可自由使用的语义系统中最小、最基本的单位，它是义素的综合体，由义值（质义素）和义域（量义素）组成。下表是它们之间的关系：

**表 6-1　义位的组成**

| 义位 | | |
|---|---|---|
| 义值 | | 义域 |
| 基义（义素） | 陪义（义素） | |

对于大多数语言来说，基义有两类变体：学科义和普通义。这两种义位（基义）通常是互补分布的，语文辞书在释义时要考虑它们之间的区别。

义域是义位的量，它是义位的意义范围和使用范围。义域有大小之分，例如“秋”在“千秋万代”和“春华秋实”中的义域大小就不同，前者指“全年”，后者指“秋季”；英语里的 intellectual 和汉语里的“知识分子”在义域大小上也有不同。义域还可以区别词汇的使用范围，例如“瓦解”

常和“敌人”之类的词搭配使用,“英俊”常跟男性的“少年”、“青年”等组合。

语域与能否正确使用词汇息息相关,在辞书编写的过程中,不仅要给出义位的义值,而且还要说明义位的义域。

综上所述,词汇对等的考察应该以基义、陪义和义域这 3 个参数为基础。

### 6.2.2.1完全对等的语料库考察

**完全对等的语料库标准**

许多词典学家,例如兹古斯塔和阿尔·卡希米都承认完全对等的存在,他们将完全对等的词汇称为绝对对应词(absolute equivalent)。兹古斯塔和阿尔·卡希米都没有给完全对等下一个完整的定义,但他们却都给出了验证完全对等的方法。兹古斯塔说:“为了确保词典编纂者列出的是译语中实际存在的词汇单位,词典编纂者应收集能说明原语有关词汇单位各种意义的例句;然后把这些例句译成译语,并观察这些尽可能短的、预期的对应词是否可以用在全部译句中(造出完全符合译语规则的译语句子),如果预期中的对应词能用在所有的例句中,而且只能用在这些例句中,这就是绝对对应词。”(兹古斯塔,1983:432)阿尔·卡希米的观点与此类似,他说:“词典编纂者可以通过下面的办法来确定绝对对应词:首先从源语中选择包含关键词(词目)的典型的句子,然后把这些句子都译成目的语。如果在所有的句子中,关键词都译为同一个目的语词汇,那他们就是绝对对应词。”(Al-Kasimi,1983:65)

兹古斯塔等词典学家所说的绝对对应词通过平行语料库很容易得到验证,他们所论述的完全对等的标准也为语料库语言学家所继承。从平行语料库的角度看,如果源语词汇 A 和译语词汇 B 之间同时具备下列两种条件,那它们就是绝对对应词或完全对等:

(1) 含词汇 A 的所有语料在对应的译语平行语料中都译作词汇 B;

（2）含词汇B的所有语料在对应的译语平行语料中都译作词汇A。

例如在从汉语到英语的翻译过程中，“早晨”都被译为morning，但在反向翻译中，morning却不完全译为“早晨”，这说明“早晨”和morning不是完全对等的关系。汉语词汇“克隆”和英语词汇clone之间符合上面的两项条件，因此从平行语料库的角度看，它们之间是完全对等的关系。

**完全对等的语料库考察方法**

以经验主义为基础的语料库方法并不排斥理性主义的思考，在进行语料库考察前进行理性的思考是必要的。首先，英汉语的多义词之间很难有完全对等的关系，完全对等一般只会出现在单义词间。胡裕树（1985：251）认为，汉语的单义词有两类：一类是常见事物的名称，另一类是科学术语和专有名词。葛本仪（2003：54–55）认为汉语里的许多双音节词或多音节词都是单义词，例如“雨具”、“面粉”、“元音”、“黄梅戏”、“格律诗”等。此外，新词汇也常常是单义的，如“因特网”、“克隆”等。

上述分类有交叉的现象，例如一个新词汇有可能同时也是科学术语。在以下的语料考察中，我们选择科学术语时没有选择像“电子邮件”这样的大众化词汇。

下面我们利用平行语料库来考察上述三类单义词在英汉语言中的对应情况，例词见下表：

**表6–2　三类单义词**

| 单义词类型 | 例　词 |
|---|---|
| 常见事物的名称 | 手表、眼镜 |
| 科学术语和专有名词 | 方程式、过敏症、口腔异味（症）、亚洲、联合国 |
| 新词汇 | 克隆、因特网、电子邮件、全球化 |

表6–3是在语料库中以“从汉语到英语”的检索而得到的结果。

表 6-3　三类单义词的英语对应词

| 汉语词汇 | 英语对应词 |
| --- | --- |
| 手表 | watch |
| 眼镜 | glasses, eyeglasses, spectacles, goggles |
| 方程式 | equation, formula |
| 过敏症 | allergy |
| 口腔异味症 | halitosis, bad breath |
| 亚洲 | Asia |
| 联合国 | the United Nations, UN |
| 克隆 | clone |
| 因特网 | Internet |
| 电子邮件 | e-mail, email |
| 全球化 | globalization |

**语料分析及对双语词典研编的启示**

从上述英汉语的对应关系可以看出以下几点。

第一，汉语的许多单义词有多个英语对应词，它们首先被排除在完全对等的范畴之外。“手表”等 6 个词语在英语里只有一个对应词，那么如果再反向“从英语到汉语”进行检索又会是什么情况呢？语料库检索的结果是：allergy、clone、globalization 在平行语料库中都只对应于汉语的一个词，而 Internet、Asia 和 watch 都有多个汉语译名。Internet 除了“因特网”之外，还有“互联网”、“网络”等译名；Asia 还有“亚细亚”的译名；watch 的情况就更为复杂，大多数时候它都是用作动词，用作名词时还可以指“怀表”、“守卫”等。图示如下：

表 6-4　单向和双向对等词

| 汉译英 | 英泽汉 |
| --- | --- |
| 过敏症 = allergy | allergy = 过敏症 |
| 克隆 = clone | clone = 克隆 |
| 全球化 = globalization | globalization = 全球化 |
| 亚洲 = Asia | Asia ≠ 亚洲 |
| 因特网 = Internet | Internet ≠ 因特网 |
| 手表 = watch | watch ≠ 手表 |

我们把像“过敏症”和 allergy 这样的对应关系称为双向对等词，把“因特网”和 Internet 这样的对应称为单向对等词。对于汉英积极型编码词典来说，双向对等词可以视为完全对等，词典用对应词释义就基本提供了足够的语义和语用信息，无需用法说明和例句的辅助。

对于编码词典来说，单向对等词具有和双向对等词相同的价值，因为单向对等词也具有从源语到译语百分之百的对应关系，因此也具有高度的可插入性。明白这一点对双语词典释义非常有意义，因为双向对等词不仅数量有限，而且与界定单向对等词相比，界定双向对等词要花费更多的时间。从双语词典编纂的角度看，单向对等词应该像双向对等词一样受到重视。

第二，由于社会文化和生活环境的差异，各种语言对世界的描述也是不一致的。传统的语言学对此早有论述，例如因纽特人对不同类型的“雪”的区分。因此，同一种事物，在英汉语里可能有一一对应的关系而构成完全对等，如“克隆”和 clone，也有可能是单向对等的关系，如“手表”和 watch，但即使是汉语的单义词在平行语料库中也多半表现为不完全对等。这里有两种情况需要注意，一种情况是只表现在拼写上，例如 email 和 e-mail，而 UN 实则是 United Nations 的缩写，词典编纂者在释义的时候应该如何选择值得思考。另一种情况是科技术语的对应词，科技术语通常有一个通俗的名称，这一点英汉语都是如此。例如“口腔异味症”是个医学术语，它在汉语里的通俗名称其实就是“口臭”，虽然在平行语料库中，“口腔异味症”（或“口臭”）有两个对应词：halitosis 和 bad breath，但它们的语域其实不同，halitosis 是科技术语，bad breath 是通俗名称，双语词典对此区别应该有所体现。

需要指出的是，英汉语词汇间的完全对等是相对的，英汉两种语言分属不同的语系，完全对等通常只是体现在概念义或所指义上，语法义上却很难完全对等。例如 clone 有数的变化，“克隆”却没有；汉语里的“克隆人”对应于英语里的 human clone，却不是 clone human，在短语“克隆人”中，“克隆”和“人”之间是偏正关系，“克隆”是形容词修饰语，而在 human clone 中，clone 是名词，它是被修饰语，修饰语是 human。

### 6.2.2.2 零对等的语料库考察

#### 零对等的几种情况以及零对等的词典学意义

兹古斯塔（1983：444–448）认为零对等有 3 种情况：指称功能词的零对等、文化局限词的零对等和定名空白。

汉语里的某些前缀或后缀，如“老”、“第”、“儿”等，它们常常在英语里找不到对应词，它们是零对等的第一种情况。但有些词缀也具有多种语义，要具体分析，只有完全虚化了的词缀（即没有具体的词汇意义，只有抽象的语法意义或结构意义的词缀），才构成零对等。“老”作为前缀有以下几种用法：

（1）动物名称：老虎、老鹰、老鼠；

（2）排行：老大、老二 老幺；

（3）用在姓之前表示称呼：老张、老王。

第一和第二种用法中的“老”都虚化了，因此在英语中没有对应词。虽然汉语词典在内词条中将它们也作为一个单独的义项来处理，但是对于积极型汉英双语词典来说就没有必要也将它们作为义项来列出。例如“老”在《汉英词典》（2001）里有这样的一个义项：（in certain names of animals）：老虎。这样的义项还不如释义词来得直接，积极型的编码词典应该提供对应词，而不必随汉语词典亦步亦趋，编码者关心的是如何表达，而不是功能词的虚化的语法意义。汉语里的词素原本就不是词，它们不独立使用，因此完全没有必要在汉英词典的编写中寻求相对应的英文词。

#### 零对等的考察及对双语词典研编的意义

每论及零对等，人们都会谈到文化局限词，下面以汉语里的“福”、

“饺子”、“馒头”、“年”、“对联”、“华表”为例来考察它们在英汉语里的对应情况。文化局限词的零对等是零对等最常见的形式之一，对其他形式的零对等的考察可参照此方法进行。在 PECC 平行语料库中“从汉语到英语”进行检索，详细的对应情况如下：

**表 6-5　文化局限词的英语对应词**

| 汉语词汇 | 英文对应词 |
|---|---|
| 福 | good fortune; blessing; merit; salutary |
| 饺子 | dumpling |
| 馒头 | steamed bread; rolls |
| 年 | New Year; New Year holiday; New Year's Day; lunar New Year; Spring Festival |
| 对联 | (vertical) couplets; scrolls |
| 华表 | 无 |

从以上语料可以对文化局限词的对应情况作如下几点分析。

第一，平行语料库中与文化局限词相关的对等都是部分对等，英汉语对应词在词义上或多或少都有些差异。语料显示，对应词有下列几类：

对应词是所指义相近的词。汉语的“饺子”对应了英文的 dumpling，但它们的所指其实并不相同，dumpling 指“炖或煮制的小面团”（a small ball of dough cooked with stew or soup），汉语的“年”和 New Year、New Year holiday 等在词义上也有一定的差异。

对应词是对与汉语文化词词义相近的词汇的释义。在汉语里，“福”具有太多的内涵，汉语词典也无法解释得清，《现代汉语词典》（2006）将其释义为“幸福”是无奈之下的简单处理。“福”在平行语料库中的对应词基本都是对“幸福”或“好运”的释义。

对应词是解释性翻译。解释性翻译是处理文化局限词最常用的办法，解释性翻译的结果是解释性对应词。“馒头”对 steamed bread 就是解释性对应词。解释性对应词虽不受编码词典的欢迎，但平行语料库中的解释性对应词源于真实的语言交际，因此具有较强的再生成能力。

对应词是上下文释义词。有些词如果通过解释性的释义就不会是一个词或词组，而是一段话，这样的释义显然不能用于实际的言语交际中。因此，译者在翻译的时候通过巧妙的方法，借助上下文对它们进行了释义。例加下面语料中“对联”的释义方式：

（1）那是在他还未失明时候的事了，剧院门口贴着“庙小妖风大，池浅王八多”的**对联**，横批是“老朽滚蛋”。This incident occurred during the Cultural Revolution when he still had his eyesight. At the door of the theater hung a **couplet** which read: “A small temple with strong evil wind. A shallow pond with many bad tortoises.” Between the **vertical couplet** stretched the horizontal steamer which read: “Away with old scoundrels.”

（2）我回到四叔的书房里时，瓦楞上已经雪白，房里也映得较光明，极分明的显出壁上挂着的朱拓的大“寿”字，陈抟老祖写的，一边的**对联**已经脱落，松松的卷了放在长桌上，一边的还在，道是“事理通达心气和平”。By the time I had returned to my uncle’s study, the roof of the house was already white with snow which made the room brighter than usual, highlighting the red stone rubbing that hung on the wall of the big character “Longevity” as written by the Taoist saint Chen Tuan. One of the pair of **scrolls** flanking it had fallen down and was lying loosely rolled up on the long table. The other, still in its place, bore the inscription, “Understanding of principles brings peace of mind.”

这里的 couplet、vertical couplet 和 scrolls 就是“对联”在上下文语境中的英文释义。

以上 4 种释义虽然都有不完善的地方，但对于语言交际来说，都可以实现基本的交际对等，对于积极型双语词典来说，以上释义词也便于语言的生成。双语词典在释义文化局限词的时候可以通过例句或括注等对释义进行必要的词义补充。这样做也有充足的理论依据。张志毅、张庆云（2001：345）将括注或夹注和例语或书证提示归属为现代语文词典的组合整体观，他们给予组合整体观高度的评价，认为它是对传统辞书学原子观的突破，是在整体观指导下阐释语言系统中的义位及其语境意义，是纵向聚合与横向组合新思想的兼容，为辞书开辟了新天地，展现了新面貌。

第二，建立英汉语词和词之间的对应有时是困难的，但句子和句子之间的对应就比较容易实现。平行语料库具有丰富的对应信息，文化局限词在平行语料库中总会以某种方式与目的语相对应，可以说平行语料库中不存在零对等。“华表”虽然在PECC中没有记录，但随着语料的增加，它也会有适当的对应词或对应方式。

文化局限词从零对等开始，随着翻译活动或文化交流的开展，文化局限词逐渐有了对应词。这个过程是零对等向部分对等过渡的过程。平行语料库为双语词典处理文化局限词提供了大量的第一手资料，而且由于语料来源于真实的语言交际，因此具有可靠的实用性。

“定名空白”的情况与文化局限词相似，也会随文化交流从零对等向部分对等转化。

第三，对于文化局限词还要注意分析其具体的文化内涵，以及它与英语语言中释义词项之间的差异，在双语词典释义时提供必要的文化注释。同为文化词，但彼此之间也有差异，有些词汇在英语里有对等的译词，但在英汉语的不同语言环境中却有着不同的理解，例如汉语里的“年”和英语里的Spring Festival的含义是不同的，“年”在中国不仅是一个节日，还包含了许多的文化含义。再如，“自由主义”在汉语里明显有贬义，而英语里的liberalism却没有贬义。汉语里的“鹅”没有什么特殊含义，而英语里的goose在口语里意为“笨蛋”。“公鸡”在汉语里没有特殊的禁忌语义，而英语里的cock却有“男性生殖器官”的语义，所以英美人一般不在女士面前使用这个词，以免引起尴尬。处理这些词汇的时候，除了使用“对等”译词进行正常的释义之外，还要进行一定的文化注释，文化注释有助于避免编码时的误用。这类词是文化词的第一类。另外一类文化词为汉语所特有，但由于文化交流的深入，英语里也已经有现成的对译词语，例如“功夫”、“磕头”等。虽然它们在英语里的对应译词有明显的汉语痕迹，但从英语语言的角度看，这些词汇已经被英语所吸收，成为了英语里的外来词。对于这类词汇，可以不进行文化注释。还有一类文化词具有独特的文化和民族特色，还没有因为文化交流而被英语语言的使用者所认识，它们是真正的文化局限词。由于5000年博大精深的中华文化，这类词在汉语里有很多，例如“窗花”、“四合院”、“削面”、“炕”、“铁饭碗”等等。对于这类词，字典有时不得不使用定义释义。但对于编码词典来说，它的任务是指导使用者生成另一种语言，定义释义对于编码显然难有帮助。积极型汉英词典在处理这类文化词的时候应该采取“对应词 + 文化注释”的方式来释义，例如“炕”可以释义为“kang (a kind of heatable brick bed)”，“铁饭碗”可以释义为“iron rice bowl (a satirical Chinese expression at the life-long secure job or employment security)”。这种释义方法既有利于用英语编码，也与语言的实际使用相一致。

### 6.2.3 小结

基于平行语料库的研究表明完全对等是相对的，从双语词典编纂的角度看，单向对等词和双向对等词具有同等的价值；零对等以多种形式存在于英汉语之间，平行语料库对零对等的处理方式可以为双语词典释义提供重要参考。

动态等值和功能等值强调了词义的动态性特征，对于双语词典来说，如何处理静态的释义和动态的词义之间的关系非常重要。动态的词义产生于使用中，双语词典的释义只有来源于真实的语料，才能更好地反映词汇在不同语境中的确切含义。这正是短语驱动词典学所强调的短语中心论。

奈达（Nida）也强调上下文在确定意义上起到了决定性作用，这一点与语境理论不谋而合。基于大规模真实文本的平行语料库不仅能再现语境，而且还由于其蕴含的丰富对应词而成为词汇对比研究的利器。

双语词典有积极型的编码词典和消极型的解码词典之分。编码词典的主要任务是解决语言生成的问题，也就是如何正确使用语言的问题。从动态的言语环境中提取词汇语义，再以词典释义的形式固定下来，这是从动态到静态的过渡。从词典出发到生成目的语，这是从静态到动态的过渡。词典的释义等只有来自于动态的言语环境，才能够接近自然语言的动态真值，才能为最终的语言生成提供保障。

双语词典与单语词典不同，双语词典不存在真正意义上的释义，双语词典的释义其实是翻译或翻译对等词，因此，双语词典的中心任务是研究两种语言间的词汇对等和不对等关系，建立两种语言的词汇对应系统，英汉语词汇的对比研究是建立词汇对应系统的有效方法。

作为词汇对比研究的新方法，平行语料库使语言间的对比研究从主观的规定主义方法转向了客观的描写主义方法。基于科学的统计抽样原则建立的平行语料库保证了语料库的代表性和典型性，同时也使对比研究具有了科学性。因此，基于平行语料库的研究应该受到足够的重视。

## ◆ 6.3 基于平行语料库的上下义词对比研究

语言是由千百个高级义场、中级义场和低级义场构成的语义网络。上下义关系是义场内的重要关系之一，英汉语上下义关系词的对比研究对建立英汉两种语言之间的词汇语义对应网络不可或缺，而词汇语义对应网络的研究对双语词典的研编具有重要意义。由于语言间的差异，可以假定的是英汉词汇语义对应网络不可能完全一一对应，对应空位是必然存在的，上下义词的对应空位是零对等的一种形式。但是，对应空位有什么规律，它在不同层次的义场中是否具有相同的特征，这些问题需要进行系统研究。对应空位会给翻译带来一些困难，但英汉语言间的交际并没有因此而受到实质性的影响，对应空位在语言使用中一定是以某种方式得到了补偿。有关对应空位补偿的研究是上下义词对比研究的另一个重点。

### 6.3.1 引论

按照索绪尔的说法，词语除了有所指意义之外，还有系统意义，即系统值。系统意义是由词语在语言的语词系统中纵横坐标的时空位置决定的（索绪尔，2002：157–167）。结构语义学也认为每个词都通过一整套结构与其他词相联系，词义总是受这些有联系的词的影响，是这些词综合作用的结果。词与词之间的关系是"含蓄的"语义关系，它包括三个方面：上下义关系、反义关系和相对关系。词汇之间的相互联系常常会形成以语义为基础的结构体系，即语义场。索绪尔特别重视语言的价值，他认为构成词汇价值的一个是词的观念意义，而另一个是它与"表达相邻近的观念的词的关系"，"任何要素的价值都是由围绕着它的要素决定的"（索绪尔，2002）。

但由于"语言通过一个民族的思维–感觉方式而获得一定的色彩和个性"（洪堡特，2002：197），因此语言间从理论上说都存在一定的差异。国内外学者（王宇，2001：31–34；蔡基刚，2005：35–40；刘萍、张继东，2000：50–52；易敏，2000：101–106；Packard，2000：216）的研究表明，由于人类认识客观世界的局限性和各种文化的差异性，各语言中表现事物的词化程度各有不同。源语中词化程度较高的语义场中的词汇很有可能在目标语中表现为"词汇空缺"（lexical gap），这种空缺都是从语义系统中推理出来的"义在形无"的词汇单位。**据此我们可以假设：英汉语上下义词存在不对应性**。但这只是笼统的推论，目前尚未从微观上具体考察英汉语义场的差异和词汇系统不对称的特征。本节以英汉语上下义词的对称差异为出发点，对上下义词空缺展开研究，以期对英汉语语义场的系统对比研究起到抛砖引玉的作用。

### 6.3.2 英汉语上下义词对比研究的意义

义场和义类是两个不同的概念，义场包含同义关系、反义关系和类义关系等。义类是意义相同、相近以及相关的类义词（处于近似义场的上下义关系词）的汇集（林杏光，1999：313–354）。因此从广义上讲，义类是义场的一部分，处于相同或相似义场的上义词或下义词[⑧]之间就是类义的关系，处于不同层次的类义词之间构成上下义关系。

#### 6.3.2.1 汉语的词汇层次

不同的义场会有不同的词汇层次，梅家驹和高蕴琦（1999：9）根据语义场理论，采用义素分析法将50 000多词语的约67 000个义项分为人、物、时间、空间、动作等12个语义场。这12个语义场与语法意义相对应，其中第1和第2个场与名词对应。以上分类表明与名词相关的语义场是最重要的语义场之一，由于名词数量庞大且层次丰富，因此对其相关语义场的分层研究对整个语言系统内义场的分层研究具有重要参考价值。林杏光、菲白在《简明汉语义类词典》（1987）中将汉语语言系统的词汇共分为18大类，1730小类，例如“物质”大类下有154个小类，但他们没有对汉语词汇系统的层次进行清晰的分层，“物质”大类与“人”、“物”义场相当。“名称”是名词的重要组成部分，国外学者根据抽象程度的不同，将“名称”类分为5个等级的平面，即初步分类（unique beginner）、生命形态（life form）、属名（generic name）、种名（specific name）、品种名（varietal name），其中属名平面被认为是最基本的（桂诗春，1995：199–200）。在国内外学者的研究基础之上，我们将汉语与名词相关的“人、物”（或称“物质”）类义场分为九个层次（见图6–1）。从第三级到第九级，下图中列举的只是作为例词的部分上下义词，例如第

⑧ 上义词和下义词也可分别称作上位词和下位词，由于上下义关系具有层次性，所以上义词也可以是更高一层次的下义词，反之亦然。

四级除了“物体、生物、衣物、财物、器具、固体、天体”之外，还有“液体”等没有列出；“交通工具”也不仅仅只有“车”和“船”两类下义词。另外，为了方便画图，我们也只是为图中的部分上义词列了下义词。

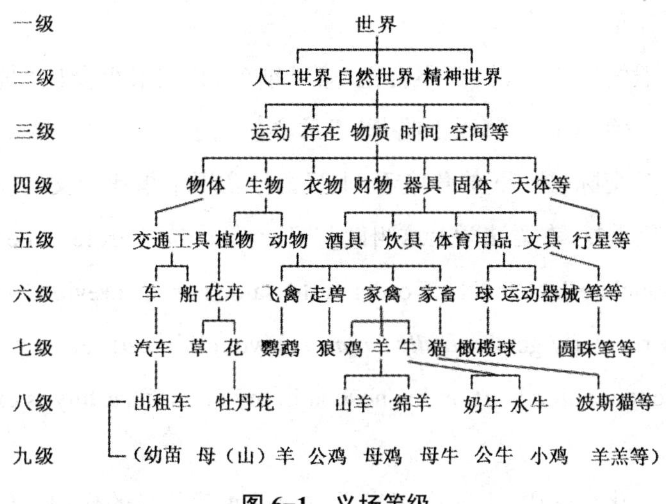


**图 6-1　义场等级**

最后一级以“公”、“母”、“幼”、“小”等修饰语为特征，与上一级（第八级）有交叉的情况。之所以将其单独列为一级，是因为在有些语言（例如英语）里，这些词是固定的词汇，而不是具有偏正关系的词组，如“公鸡”是 rooster，而不是 male chicken；“羊羔”是 lamb 而不是 young sheep。

《简明汉语义类词典》（1987）列出的小类基本涵盖了第三级至第六级的类义词，第七级相当于属名层次。为了方便研究，我们姑且把第一级至第三级称为高级层次，第四级至第六级称为中级层次，第七级至第九级称为低级层次。

### 6.3.2.2 上义词的交际意义

上下义词之间的关系是类和种的关系，从词义的适用对象来看，上义词的适用对象大于下义词的适用对象，例如生物＞动物＞哺乳动物＞羊＞山羊。从语义场的角度看，上义词在语义场中处于“中心词”的位置，在语言交际中的使用面比下义词要广泛得多。例如：

他放羊去了。

羊肉多少钱一斤？

羊群在草原上吃草。

在一般情况下，人们都不会把“羊”细分，我们很少会说“他放羚羊去了”或者“绵羊群在草原上吃草？”这样的句子。

从汉英交际(翻译) 的角度看，上义词还常用来指代上文出现过的下义词以避免重复，在语法学上这叫做前照应(anaphoric reference)，例如：

He bought a Jaguar X16. I ordered the same **car** the previous year.

They regularly get the *Daily Courier*. I wouldn't read such a **paper**.

The chap with a wart on his nose is in my class. That **boy** is extremely clever.

在跨文化交际中，上义词担当了重要的承载信息的作用。但由于英汉语上下义词的不对称性，在跨文化交际过程中 (如汉英翻译) 会给交际的参与者带来一些困难。例如：

(1) 汉语：请给我一支笔。

英译：Please give me a _____.

(2) 汉语：你的工作单位在哪里？

英译：Where is your _____?

在这种情况下，上下义词的选择是否得当会直接影响交际的效果。

综上所述，上下义词的对比研究是建立英汉语词汇对应网络的基础，对跨文化交际具有重要意义。

### 6.3.3 上下义词对比研究的方法

一般认为，语言研究有 3 种方法：内省法、调查法和语料库方法 (杨惠中，2002：6)。在本节中，以上 3 种方法都有所涉及，但重点是语料库方法。

首先从《简明汉语义类词典》（1987）的细目第12节"物质"中用抽签法选取40个类义词，它们都属于义场的中高级层次，而且大多属于义场的同一层，但也有部分词与其他类义词之间构成上下义关系。然后，分别用问卷调查法和语料库方法进行数据采集。

#### 6.3.3.1 问卷调查的实施方法

**设计问卷表**

问卷表包含了40个类义词，因为考虑到有些词有多种译法，问卷表在提供了"首选英译"之外，还有"其他英译"可供选择。表格示例如下：

**表6-6　英汉语上下义词的对等情况调查表（示例）**

| 中文 | 首选英译 | 其他英译 |
| --- | --- | --- |
| 事物 | | |
| 物体 | | |

**选择问卷对象**

内省释译需要被试者有一定的英语修养才能达到试验的目的，所以我们选择了英语系10名教师作为受试对象，他们具有英语语言文学专业硕士或博士学位。要求他们对每个汉语上义词提供一个（首选）释译词，尽量不要进行解释性释义。如果认为没有释译词，可不填。为了确保释译完全来自内省，我们采用了现场答题的方式，不允许查汉英词典。

#### 6.3.3.2 语料库的方法

语料库的实施方法比较简单，在PECC中将需要调查的词作为关键词进行检索，程序会自动生成索引行和进行相关统计。PECC具有高级检索功能，可以进行复杂的检索而生成更为准确的数据。

### 6.3.4 问卷调查的数据和语料库的数据

#### 6.3.4.1 问卷调查的数据

表6-7是10名被试者提供的40个类义词的释译。

表 6-7　40 个类义词的英文释译

| 中文 | 首选英译 | 其他英译 |
|---|---|---|
| 事物 | thing 10 | |
| 物体 | object 9, material | body |
| 物品 | article 3, goods, object 3, 0, artifact, thing | goods, article |
| 物件 | 0, 0,thing 4, article 2, artifact, something | things |
| 货物 | goods 8, cargo 2 | commodity |
| 产品 | product 7, article, goods 2 | production |
| 物资 | material 8, resource, substance | material |
| 废物 | rubbish 3, scum, waste 4, garbage, refuse | rubbish, trash |
| 肥料 | fertilizer 10 | manure |
| 器具 | instrument 2, implement, carrier, equipment, utensil 3, apparatus, tool | appliance |
| 仪器 | apparatus 3, instrument 7 | apparatus 2, instrument |
| 工具 | tool 9, instrument | instrument |
| 炊具 | 0, 0, 0, cooking utensil 3, cooker 4 | cooking utensils, cooker |
| 餐具 | tableware 4, dinner set 3, dish, dishware, cutlery | tableware |
| 雨具 | rain gear 7, umbrella 2, 0 | rain gear |
| 交通工具 | transport 2, vehicle 6, transportation, transport things | |
| 体育用品 | sports goods 6, 0, 0, 0, sports requisites | |
| 文具 | stationery 5, writing material 3, 0,writing materials | |
| 玩具 | toy 9, doll | |
| 财物 | property 7, possessions 3 | property 2 |
| 化妆品 | cosmetics 10 | make-up |
| 食物 | food 10 | |
| 粮食 | grain 5, food, cereal, 0, rice, grain cereals | food |
| 菜蔬 | vegetables 10 | |
| 酒食 | wine 4, beer, alcohol 2, food and drink 2, 0 | food and drink |
| 调料 | 0, 0, condiment 2, flavor, seasoning 5 | flavoring, flavor |
| 饮料 | drink 7, beverage 3 | drink 2 |
| 气体 | gas 10 | |

续表

| 中文 | 首选英译 | 其他英译 |
|---|---|---|
| 液体 | liquid 9, fluid | liquid |
| 天体 | 0, 0, heavenly bodies 3, aerial, celestial bodies 4 | |
| 生物 | biology 4, living thing 3, organism, creature, life being | living things 2 |
| 飞禽 | 0, 0, birds 7, fowl | |
| 走兽 | 0, 0, beast 4, animal 2 | |
| 家禽 | 0, poultry 5, fowl 3, 0 | |
| 家畜 | domestic animal 5, livestock 4 | |
| 昆虫 | insect 10 | |
| 农作物 | crop 6, farm, plant, farm products | |
| 树木 | wood 2, tree 6, woods, forest | |
| 花卉 | 0, 0, flower 4, flora, flowers, flowers and plants, flowering | flowers and plants |
| 生命 | life 10 | being |

表中的数字表示记录数，如“thing 10”表示有10个人将相应的汉语词释译为“thing”；“implement”表示有1人次将相应的汉语词释译为该英文词语；数字“0”每出现1次表示有1人没有提供释译。对于明显错误的释译未进行统计，故上表中有些数据与总数有少许的出入。

#### 6.3.4.2 语料库的数据

进行语料库检索之前，首先对问卷的释译结果进行分析归类。我们把释译一致（即10个调查对象提供同一个释译）的情况称为“强势对等”；7至9个调查对象提供同一释译的为“弱强势对等”；4至6个的为“均势对等”；4个以下称为“弱势对等”。统计时不包括“其他英译”。

使用SQL语句（如“chinese LIKE '* 汉语词 *' AND english LIKE '* 英语释译 *'”）进行检索，可以检索并统计汉语上下义词在语料库中的出现总次数以及汉语上下义词和英语释译具有共现关系的记录数。表6–8和6–9是来自PECC的数据（“均势对等”和“弱势对等”的相关数据见附录五）。

表 6–8 强势对等

| 汉语上义词 | 语料库中出现总次数 | 英语释译 | 命中的释译词记录数 | 百分比率 |
|---|---|---|---|---|
| 气体 | 82 | gas | 71 | 87% |
| 食物 | 567 | food | 425 | 75% |
| 昆虫 | 60 | insect(s) | 45 | 75% |
| 事物 | 349 | thing(s) | 252 | 72% |
| 生命 | 1105 | life | 737 | 67% |
| 液体 | 57 | liquid | 35 | 61% |
| 化妆品 | 42 | cosmetics | 22 | 52% |
| 肥料 | 14 | fertilizer | 7 | 50% |
| 菜蔬 | 6 | vegetable(s) | 3 | 50% |

表 6–9 弱强势对等

| 汉语上义词 | 语料库中出现总次数 | 英语释译 | 命中的释译词记录数 | 百分比率 |
|---|---|---|---|---|
| 飞禽 | 12 | birds | 8 | 67% |
| 玩具 | 218 | toy | 143 | 66% |
| 饮料 | 128 | drink | 80 | 63% |
| 产品 | 686 | product | 402 | 59% |
| 工具 | 302 | tool | 175 | 58% |
| 雨具 | 2 | rain gear | 1 | 50% |
| 物体 | 115 | object | 56 | 49% |
| 货物 | 49 | goods | 24 | 49% |
| 仪器 | 93 | instrument | 45 | 48% |
| 财物 | 31 | property | 12 | 39% |
| 物资 | 50 | material | 11 | 22% |

这些数据（包括附录五中的表格）是对检索数据进行二次加工的结果。二次加工包括：（1）词形还原（lemmatization）。通过词形还原将名词单复数（如 wood 和 woods）、同词根同词性的拼写类同词（如作名词用的 transport 和 transportation）归并为一个词统计；（2）排除了一词多义和一词多性。如 refuse 作为名词有“废物”之义，但它又是一个动

词，统计时只记录名词的用法；（3）剔除了垃圾语料。如“其孢子会在生物体内迅速增生”中包含了“物体”，但此处的“物体”却与检索的上义词“物体”无关；（4）对于在英国英语和美国英语里拼法不同的词（如 flavour 和 flavor），经过二次检索后再合并统计。

### 6.3.5 数据分析

#### 6.3.5.1 英汉语上下义关系词在中高级层次上具有高度对应性

从被试者提供的译文（表 6-7）来看，部分上下义词没有对应的英语释译词，例如分别有 3 人认为“炊具”和“体育用品”没有对应的词汇，2 人认为“花卉”、“天体”、“走兽”没有对应的词汇。表 6-8、表 6-9 以及附录五反映了通过语料库检索，对被试者提供的对应释译词的验证结果，结果显示“炊具”和“体育用品”为零对应，即“炊具”和 tableware、cooking utensil 之间，“体育用品”和 sports goods、sports requisite 之间无对应关系。这与“英汉语上下义词的不对称假设”是一致的。但进一步的语料检索和分析却有了新的发现。我们用 SQL 语句“chinese LIKE '*炊具*'”和“chinese LIKE '*体育用品*'”可以检索出汉语字段包含上义词“炊具”和“体育用品”的所有记录，而不论英语的对应词如何。检索到的语料如下：

（1）Amway 是 American Way（美国方式）的缩写，创建于 1959 年，依靠个体经销商组成的网络销售肥皂、剃须膏、家具抛光料、清洁剂、**炊具**和化妆品以及其他商品。Amway—an abbreviation of American Way—was born in 1959 and relied on a network of individual distributors who sold soap, shaving cream, furniture polish, detergent, **cookware** and cosmetics, among other goods.

（2）美国是绝大多数奥运主要赞助商的所在地，也是广告活动费用最高的地方。人们对奥运会的兴趣在不同的城市差距很大。波特兰和俄勒冈州邻近**体育用品**制造商耐克公司的基地，因此这里给出的评级结果是第 5 级，尽管雅典奥运会的赞助商是德国的竞争对手阿迪达斯。In the United States, where most of the major Olympic sponsors are based and where the most advertising dollars will be spent, the level of interest varied widely by city. Portland, Oregon, close to where **athletic gear** maker Nike Inc. is based, rated a 5, even though German rival Adidas is sponsoring the Athens games.

（3）据美国国家**体育用品**协会的年度调查显示，一年至少打 50 次篮球的 55 岁及 55 岁以上的女性数量从 1995 年的 16000 人增加到了 10 年后的近 131000 人。Annual surveys by the National **Sporting Goods** Association indicate the number of women 55 and older who play basketball at least 50 times a year has grown from 16,000 in 1995 to nearly 131,000 a decade later.

上述语料表明"炊具"和"体育用品"在英语里有对应的上义词，也就是说接受调查的所有 40 个上义词都没有表现为"空位"。为了验证这一点，我们使用 WordNet⑨ 进行了进一步的检索考察。以下是来自 WordNet 的数据，从左到右表示的是从高层次到低层次的网络结构。

炊具：object–artifact–instrumentality–implement–utensil–kitchen utensil –cooking utensil, cookware

体育用品：object–artifact–instrumentality–equipment–sports equipment

WordNet 进一步验证了"炊具"和"体育用品"有对应的英语上义词，换句话说在词汇系统的中级和高级层次上，英汉语上下义词具有高度的对应关系，义类的民族性特征不明显。但这是否表明在中高级层次上英汉语上下义词具有完全对应的关系，没有"上义词空缺"呢？从上面的语料以及 WordNet 的数据可以看出，在中高级层次上，由于上义词的外延较为宽泛，所以语言系统本身可以通过合成词等方式表达该上义词的所指和内涵，如英语里的 athletic gear、sporting goods、sports equipment、

⑨ 这里使用的是WordNet 2.1，由普林斯顿大学认知科学实验室开发。之所以选择WordNet而不是thesaurus等辞书，是因为前者的分类更加全面合理。

cooking utensil、cookware，以及汉语里的“交通工具”、“体育用品”等。因此，**“英汉语上下义词存在不对应性”**的假设应该修正为**“英汉语上下义词在低级层次上存在不对应性”**或者**“英汉语上下义词在中高级层次上存在高度的对应性”**。

中高级层次涉及的上下义词数量不多，根据《简明汉语义类词典》（1987），汉语里有1700个左右。虽然此类上下义词数量有限，但使用频率高，在语言交际中的作用很大。有鉴于此，英汉语上下义词的对比研究应该从中高级层次开始，由简而繁，逐步建立词汇间的对应网络。建立英汉语中高层上下义词间的词汇对应网络对于双语词典编纂、翻译教学与实践以及机器翻译等都具有重要意义。在建立词汇对应网络的过程中，可以充分利用英汉平行语料库，因为平行语料库可以起到规范英语表达、纠正内省释义错误和弥补内省释义不足等作用。

### 6.3.5.2 上义词的对应空位及其补偿手段

英汉语词汇在中高级层次上存有高度的对应性，那么它们在低级层次上的情况又如何呢？下面以汉语里的“羊”为例来进行考察。

在汉语里，“羊”包含“绵羊”、“山羊”、“羚羊”、“羊羔”、“羊羚”等，“羊”与它们之间构成上下义关系。英语里有sheep、goat、antelope、lamb、hartebeest、duiker等，但是否也有一个像汉语里“羊”这样的上义词呢？汉英词典基本都将“羊”释义为sheep或goat，但从词典上“羊圈”、“牧羊”、“养羊”、“一群羊”的对应释义分别为sheepfold、herd sheep、keep sheep、a flock of sheep来看，似乎sheep与“羊”这样的上义词之间存在对应关系。《牛津袖珍英语词典》（2000）将sheep释义为mammal with a thick woolly coat, esp. kept for its wool or meat。其他英语词典的释义与此类似，这表明sheep与“绵羊”对应，与汉语的上义词“羊”无对应关系。但实际情况究竟如何？它们在具体的语言使用中会是什么情况？到底英语里是否在此处是个上义词空缺？如果是上义词空缺，英语的这个上义词空缺在实际的语言交际中是怎样补偿的？带着这些问题，我们在 PECC 中进行了相关检索，下表是具体的数据：

**表 6–10 “羊”的英汉语对应情况**

| 源语词 | 对应词 | 对应度 | 源语词 | 对应词 | 对应度 |
|---|---|---|---|---|---|
| 绵羊 | sheep | 100% | sheep | 绵羊 | 34% |
| | | | | 羊 | 66% |
| 山羊 | goat | 100% | goat | 山羊 | 50% |
| | | | | 羊 | 50% |
| 羚羊 | antelope | 100% | lamb | 羊羔[10] | 100% |
| 羊羔 | lamb | 100% | antelope | 羚羊 | 100% |
| 羊 | sheep | 91% | hartebeest | 大羚羊 | 100% |
| | goat | 9% | duiker | 小羚羊 | 100% |

以上数据表明，有关“羊”的上义词和下义词在英汉语里都不完全对应，下义词的不对应可以在翻译时通过增加修饰语来解决，例如 hartebeest 译为“大羚羊”、duiker 译为“小羚羊”。下义词的缺失不会给翻译带来多大的混乱，语料显示的下义词和译词之间的高度对应关系就证明了这一点。但上义词的空缺会使对应关系变得复杂起来，也给双语词典的释义带来了挑战，因为上义词在语义场中处于“中心词”的位置。

在实际的跨文化交际中，上义词的空缺必须要由其他词去填补，否则语言交际（包括翻译活动）将无法进行。从这个意义上说，词典用 sheep 释义“羊”就成了可以理解的做法。但是在对上义词释义的时候要充分考虑该选哪个下义词去填补空缺。选一个，还是选多个？平行语料库为填补上义词空缺提供了非常有价值的参考。

首先，平行语料库客观地显示了在实际语言交际中上义词空缺都由哪些下义词来填补，例如“羊”不仅可用 sheep 来填补，也有用 goat 填补的情况。这也说明了它们都可以充当“羊”的释义词。语料库同时还显示，只有常用的下义词才能用来填补上义词空缺，一般情况下，像 hartebeest

⑩ “羊羔”和“羔羊”在此处视为同义词，不加以区分。

和 duiker 这样的冷僻下义词是不会在实际语言交际中担当此任的。

其次，语料库的统计信息还显示了各释义词的对应度。在 PECC 中，涉及 sheep 的记录要明显多于 goat 的记录，sheep 较 goat 具有更高的使用频率在 BNC 中也得到了验证。在 BNC 中 goat 的使用次数为 605 次，语料来自 254 个文本；而 sheep 的使用次数是 2979 次，语料来自于 806 个文本。由于 sheep 具有更高的使用率，所以在人们的直觉中，它就自然成了"羊"的对应释义词，这其实是一种"直觉对应词"。在双语词典编纂过程中，词典编者常常会给类似于"羊"的上义词提供一个"直觉对应词"，如 pen 对应"笔"、walk 对应"走"，vehicle 对应"车"。平行语料库可以检验"直觉对应词"的正误，并且有助于词典编纂者根据对应度对多个释义词进行合理的处理和排序。对应度的另一个意义是：对应度与使用率有直接的关系，"羊"与 sheep 的对应度为 91%，这说明了 sheep 的高使用率，也就是说在所有的下义词中，sheep 是最活跃的。使用率最高的下义词与其他下义词相比，有更高的蘖生能力，如"牧养犬"是 sheepdog，而不是 goatdog，"牧羊人"用 shepherd，而很少会说 goatherd。

但是，为了语言生成的正确无误，有必要在释义时加必要的括注，不能给词典使用者造成 sheep 或 goat 就是"羊"在英语里的对应上义词的误解。sheep 可以在语义不明确的时候指称"羊"，但当上下文明确了"羊"不是"绵羊"时就要选择相应的对应词，而不能总是用 sheep 来作为英语中的对应释译词。

### 6.3.6 余论：研究方法的比较

内省法是语言研究的基本方法之一，转换生成语法学派尤其推崇该方法。受笛卡尔唯理主义（也称理性主义）哲学的影响，乔姆斯基将理性、抽象思维视为知识的最高源泉和知识真理性的标准（乔姆斯基，1979：6）。但由于内省法具有个体性、不可重复性等特点而与现代语言学的科学精神相违背。语言学家曾经通过实验证明了内省的个体性和差异性

（杨惠中，2002：8）。

从本节的调查数据（表 6-7）可以看出，同一个上义词，如"物件"、"炊具"、"体育用品"、"文具"、"粮食"、"调料"、"天体"、"飞禽"、"走兽"、"家禽"和"花卉"等，有人认为英语里有对应的词汇，有人认为是"上义词空缺"。内省的差异性也表现在被试者对首选英译的选择上，除少数几个之外，被试者对多数上义词的首选英译也是莫衷一是。

因此，基于主观判断而来的数据又被摆到了研究者的眼前。到底哪个是"首选英译"？该上义词是否真的是"上义词空缺"？诸如此类的问题要想就此得出结论，也非主观判断而能为。从主观判断到主观判断的，甚至是以内省法为基础的研究方式如果操作不当，其结论的科学性可想而知。

内省除了具有因人而异的特点之外，上述数据也显示了内省的不可靠甚至是错误，例如"生物"与 biology，"天体"与 aerial，"花卉"与 flora，"农作物"与 farm 的对应，以及"炊具"与 cooker，"物资"与 substance，"飞禽"与 fowl，"酒食"与 wine 等的对应。此处的错误可分为两类，第一类错误，如"花卉"与 flora 的对应关系，可以通过进一步的验证（如查词典等方法）排除，但第二类错误，如"炊具"与 cooker 的对应关系，却常常难以通过简单的方法得以校正或排除。

语料库常常被指责为不能反映话语的全域，内省才能反映语言的真实使用情况（伊托贝特，2003：288）。持这种观点的逻辑基础是：语料库是有限的，语言学家的内省是无限的。但这只是语言学家的推论而已，是否果真如此，或者说是否在语言研究的各个层面都如此，还没有得到证实。

以"天体"和"调料"为例，从以上问卷调查数据（基于内省的数据）来看，"天体"被对译为 heavenly body 和 celestial body，"调料"被对译为 condiment、flavour 和 seasoning。从翻译的角度看，以上释义都是可以接受的，但显然在这里内省没有反映出语言的实际使用情况。来自于PECC的语料表明，“天体”更多的时候会被称为object而不是body。如太阳系天体（solar object）、人造天体（manmade object）、行星大小的天体（planet-sized object）等。“调料”除了condiment、flavour和seasoning，还有dressing、sauce等说法。语料还表明flavour常作动词用，如：“可惜没有调料。Pity we’ve got nothing to flavour them with.”作名词用时，flavourig比flavour更常用。

诱导法基于客观调查，但结果也往往依赖于被试者的主观判断，从本质上说，诱导法是另一种形式的（多人的）内省法。因此，内省法的不足也会影响诱导法的可信度和科学性。在进行上下义词的对比研究中，诱导法也只能作为参考，不能完全依赖诱导法。

以上分析表明了语言研究中经验主义的重要性，英汉语上下义词的对比研究主要涉及词义的对比，由于平行语料库具有词、句对释的特点，因此在词义对比研究中平行语料库比单语语料库具有更大的优势。

基于语料库的研究方法是归纳和演绎相结合的综合法，常常从基本数据开始，得出初步假设，然后通过语料检索进一步验证假设或得出新的假设。如果产生了新的假设，还需要进一步的分析论证。图示如下：

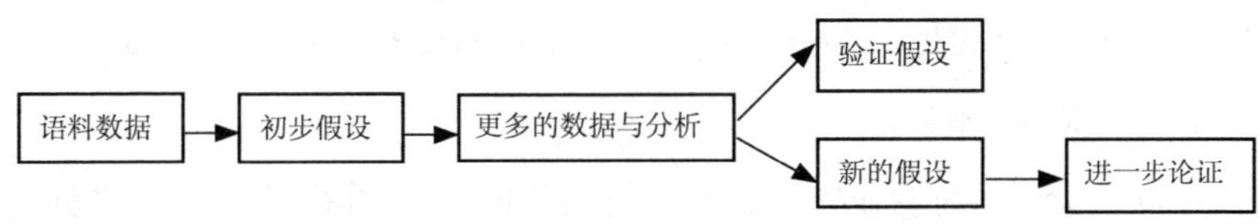


**图6-2　基于语料库的研究方法的路线图**

以上文的“调料”为例，语料的初步分析得出以下假设：（1）在condiment、flavour和seasoning之外，dressing和sauce也和汉语的“调料”具有对应关系；（2）flavour多用作动词。由于来自于PECC的所有数据已被穷尽分析，所以选择BNC进行下一步的数据检索和分析研究。分别用dressing、sauce和flavour进行检索，BNC验证了以上两个假设。但以 flavour 为关键词的语料显示该词作名词时多为“味道、香味”之意，而非“调料”。在 BNC 中选择高级检索方式“词汇结构查询”（Pattern query），检索语法为“flavour.*”，然后选择“随机抽取 100 个记录”（Download random set 和 Download 100 hits）进行检索，部分语料如下：

（1）AND THIS IS WHERE THE TRADITIONAL COLOURING, FLAVOURING AND PRESERVATIVES ARE ADDED

（2）British Telecommunications Plc's Syncordia Corp facilities management venture has a contract from food **flavourings** company Firmenich to ...

（3）Dill is traditionally used in many fish dishes, or as a **flavouring** for vinegars, fresh vegetables, mayonnaise and dressings.

（4）Poppy seeds sprinkled on bread as a **flavouring** have a disconcerting tendency to react chemically in the same way as the extract of the opium poppy, so that a worker could be mistaken for a heroin user because of what he ate for breakfast.

将含有 flavouring 和 flavour 的语料进行对比即可得出新的结论：与“调料”相对应的是 flavouring，而不是 flavour；flavour 多作动词用，与汉语的“加调料”相当。

以上分析显示了内省法和诱导法的不足，在进行英汉语上义词对比研究的时候应该充分发挥语料库方法的优势。但任何研究都离不开主观判断的参与，从心理学的角度来看，实证方法和内省方法都离不开主观性，只不过主观性程度不同而已（赵万祥、肖丹，2007：26）。因此，在英汉语词汇对比研究中也不可完全抛弃基于内省的心灵主义和整体主义的研究方法，将语料库方法和内省法相结合才能使研究更加有效，更加科学合理。

# 参考文献


Al-Kasimi, Ali M. 1983. *Linguistics and Bilingual Dictionaries*. E.J. Brill: Leiden.

Arnold, I.V. 1973. *The English Word.* Moscow: Higher School Publishing House.

Atkins, B.T.S. 1991. "Building a Lexicon: The Contribution of Lexicography". *International Journal of Lexicography*. 4(3): 167–204.

Atkins, B.T.S. and Beth Levin. 1995. "Building on a corpus: A linguistic and lexicographical look at some near-synonyms". *International Journal of Lexicography.* 8(2): 85–114.

Atkins, B.T.S., Charles J. Fillmore, and Christopher R. Johnson. 2003. "Lexicographic Relevance: Selecting Information From Corpus Evidence". *International Journal of Lexicography*. 16(3): 251–280.

Atkins, B.T.S., Michael Rundell, and Hiroaki Sato. 2003. "The Contribution of Framenet to Practical Lexicography". *International Journal of Lexicography.* 16(3): 333–357.

Atkins, B.T.S. and M. Rundell. 2008. *Oxford Guide to Practical Lexicography*. Oxford: OUP.

Baker, P., A. Hardie and A. McEnery. 2006. *A Glossary of Corpus Linguistics*. Edinburgh: Edinburgh University Press.

Bally, Charles. 1951. *Traité de stylistique française*. Genève: Georg et Cie.

Bejoint, H. 2002. *Modern Lexicography: An Introduction*. Beijing: Foreign Language Teaching and Research Press.

Biber, D. 1990. "Methodological issues regarding corpus-based analyses of linguistic variation". *Literary and Linguistic Computing*. (5): 213–252.

Biber, D. 1993. "Representativeness in Corpus Design". *Literary and Linguistic Computing*. 8(4): 243–257.

Bloomfield, L. 1933. *Language*. London: Allen and Unwin.

Boas, Hans C. 2005. "Semantic Frames as Interlingual Representations for Multilingual Lexical Databases". *International Journal of Lexicography*. 18(4): 445–478.

Carter, R. 1987. *Vocabulary: Applied Linguistics Perspectives*. London: Unwin Hyman.

Carter, R. and M. J. McCarthy. 1988. *Vocabulary and Language Teaching*. London: Longman.

Cheuisheva, I. I. 1964, *Die Phraseologie der gegenwärtigen deutschen Sprache*. Moscow: Vuisshaya Shkola.

Chomsky, N. 1970. "Remarks on nominalization". In Jacobs and Rosenbaum (eds). *Readings in English Transformational Grammar*. Washington, D.C.: Georgetown University Press. 184–221.

Chomsky, N. and M. Halle. 1968. *The Sound Pattern of English*. New York: Harper and Row.

Cowie, A.P. 1994. "Phraseology". In R. E. Asher (ed). *The Encyclopedia of Language and Linguistics*. Oxford: OUP. 3168–3171.

Cowie, A.P. 1998. *Phraseology: Theory, Analysis, and Applications*. Oxford: Oxford University Press.

Cruse, D. A. 1986. *Lexical Semantics*. Cambridge: Cambridge University Press.

Crystal, D. 2008. *A Dictionary of Linguistics and Phonetics*. Oxford: Blackwell Publishing.

Cummins, S. and I. Desjardins. 2002. "A Case Study in Lexical Research for Translation". *International Journal of Lexicography*. 15(2): 139–156.

Deignan, A. 2005. *Metaphor and Corpus Linguistics*. Amsterdam: John Benjamins Publishing Company.

Evert, Stefan. 2004. *The Statistics of Word Cooccurrences: Word Pairs and Collocations*. Dissertation, Institut für maschinelle Sprachverarbeitung,

University of Stuttgart. Published in 2005. Available from http://www.collocations.de/phd.html.

Fellbaum, Christiane. 1995. "Co-Occurrence and Antonymy". *International Journal of Lexicography*. 8(4): 281–303.

Fellbaum, Christiane. 1998. *WordNet: An Electronic Lexical Database*. Massachusetts: The MIT Press.

Firth, J. R. 1957. *Papers in Linguistics 1934–1951*. London: Oxford University Press.

Fontenelle, T. 1997. "Using a bilingual dictionary to create semantic networks". *International Journal of Lexicography*. 10(4): 275–303.

Fox, Gwenyth. 1987. "The Case for Examples". In J. M. Sinclair (ed). *Looking Up*. London: Collins ELT. 137–149.

Gläser, Rosemarie. 1998. "The Stylistic Potential of Phraseological Units in the Light of Genre Analysis". In A. P. Cowie (ed.), *Phraseology*. Oxford: Clarendon Press. 125.

Granger, S. and F. Meunier. 2008. *Phraseology: An Interdisciplinary Perspective*. Amsterdam/Philadelphia: John Benjamins Publishing Company.

Grice, H. P. 1969. "Utterer's meaning and intention". *Philosophical Review*. (78): 147–177.

Gries, S. 2008. "Phraseology and linguistic theory: A brief survey". In Granger, S. and Meunier, F (eds). *Phraseology: An Interdisciplinary Perspective*. Amsterdam / Philadelphia: John Benjamins Publishing Company. 3–25.

Halliday, M. A. K. 1985. *Introduction to Functional Grammar*. London: Edward Arnold.

Halliday, M. A. K. 1991. "Corpus studies and probabilistic grammar". In K. Aijmer and B. Alterberg (eds). *English Corpus Linguistics: Studies in Honour of Jan Svartvik*. London: Longman. 30–43.

Halliday, M. A. K. 1992. "Language as system and language as instance: the corpus as a theoretical construct". In Svartvik (ed). *Directions in Corpus Linguistics*. Berlin: Mouton de Gruyter. 61–77.

Halverson, S. 1998. "Translation Studies and Representative Corpora: Establishing Links Between Translation Corpora, Theoretical/Descriptive Categories and a Conception of the Object of Study". *Meta*. XLIII (4): 495–514.

Hanks, Patrick. 2004. "The Syntagmatics of Metaphor and Idiom". *International Journal of Lexicography*. 17(3): 245–274.

Hartmann, R. R. K. 2006. *Teaching and Researching Lexicography*. Beijing: Foreign Language Teaching and Research Press.

Hartmann R. R. K. and Gregory James. 2000. *Dictionary of Lexicography*. Beijing: Foreign Language Teaching and Research Press.

Hernández, Chantal Pérez. 1996. "A Pilot Study on Translation Equivalence between English and Spanish". *International Journal of Lexicography*. 9(3): 218–237.

Hoey, M. 2005. *Lexical Priming: A New Theory of Words and Language*. London and New York: Routledge.

Holmes, J. S. 1988. *Translated! Papers on Literary Translation and Translation Studies*. Amsterdam: Rodopi.

Howarth, P. 1996, *Phraseology in English Academic Writing: Some Implications for Language Learning and Dictionary Making*. Tübingen: Max Niemeyer.

Hudson, R. 1991. *English Word Grammar*. Oxford: Basil Blackwell.

Hunston, S. 2006. *Corpora in Applied Linguistics*. Beijing：World Publishing Corporation.

Hunston, S. 2011. *Corpus Approaches to Evaluation: Phraseology and Evaluative Language*. New York: Routledge.

Jackendoff, R. 1975. "Morphological and semantic regularities in the lexicon". *Language*. (51): 639–671.

Johnson, Samuel. 1755. "Preface to a Dictionary of the English Language". In Jack Lynch (Ed). http://andromeda.rutgers.edu/~jlynch/Texts/preface.html

Kennedy, G. 2000. *An Introduction to Corpus Linguistics*. Beijing: Foreign Language Teaching and Research Press.

Kenny, D. 2001. *Lexis and Creativity in Translation: A Corpus-based Study*. Manchester: St. Jerome Publishing.

Kilgarriff, Adam. 1997. "Putting frequencies in the dictionary". *International Journal of Lexicography*. 10(2): 135–155.

Kittay, E. F. 1987. *Metaphors, its cognitive force and linguistic structure*. Oxford: Clarendon Press.

Kjellmer, G. 1984. "Some thoughts on collocational distinctiveness". In Aarts, J. and Meijs W. (eds). *Corpus Linguistics*. Amsterdam: Rodopi: 1635–171.

Krishnamurthy, Ramesh. 2008. "Corpus-driven Lexicography". *International Journal of Lexicography*. 21(3): 231–242.

Lee, David. 2001. "Genres, Registers, Text Types, Domains, and Styles: Clarifying the Concepts and Navigating a Path Through the BNC Jungle". *Language Learning and Technology*. 5(3): 37–72.

Lipka, L. 1991. *An Outline of English Lexicology*. Tübingen: Max Niemeyer.

Lobanova, A., Tom van der Kjeij. and J. Spenader. 2010. "Defining Antonymy: A Corpus-based Study of Opposites by Lexico-syntactic Patterns". *International Journal of Lexicography*. 23(1): 19–53.

Marckwardt, A. H. 1963. "Dictionaries and the English language". *English Journal*. (52): 340–352.

McEnery, T. 2012. *Corpus Linguistics: Method, Theory and Practice*. Cambridge: Cambridge University Press.

McGee, Iain. 2012. "Collocation Dictionaries as Inductive Learning Resources in Data-Driven Learning—An Analysis and Evaluation". *International Journal of Lexicography*. 4(3): 230–239 .

Mel'čuk, I. 1988. "Semantic Description of Lexical Units in an Explanatory Combinatorial Dictionary: Basic Principles and Heuristic Criteria". *International Journal of Lexicography*. 1(3): 165–88.

Meyer, Charles. 2004. *English Corpus Linguistics—An Introduction*. Cambridge: Cambridge University Press.

Miller, G. 1993. "Nouns in WordNet: A Lexical Inheritance System". *International Journal of Lexicography.* 3(4): 245–264.

Miller, G. and Philip N. Johnson-Laird. 1976. *Language and Perception*. Cambridge, MA: Harvard University Press.

Moon, R. 2008. "Sinclair, Phraseology and Lexicography". *International Journal of Lexicography.* 21(3): 243–254.

Oakes, Michael P. 1998. *Statistics for Corpus Linguistics*. Edinburgh: Edinburgh University Press.

Ooi V. B. Y. 1998. *Computer Corpus Lexicography*. Edinburgh: Edinburgh University Press.

Oostdijk, N. 1998. "A Corpus Linguistic Approach to Linguistic Variation". *Literary and Linguistic Computing*. (3): 12–25.

Osselton, N. E. 1983. "On the history of dictionaries: the history of English-language dictionaries". In Hartmann (ed). *Lexicography: Principles and Practice*. London: Academic Press. 13–21.

Packard, J. L. 2000. *The Morphology of Chinese: A Linguistic and Cognitive Approach*. Cambridge: Cambridge University Press.

Pecina, Pavel. 2005. "An extensive empirical study of collocation extraction methods". In Ann Arbor (ed). *Proceedings of the ACL Student Research Workshop*. Unpublished. 13–18.

Pind, J. et al. 1993. "Using a Computer Corpus to Supplement a Citation Collection for a Historical Dictionary". *International Journal of Lexicography*. 6(1): 1–18.

Renouf, A. and J. Sinclair. 1991. "Collocational Frameworks in English". In K, Aijmer and B. Altenberg (eds). *English Corpus Linguistics: Studies in Honour of Jan Svartvik*. London: Longman. 128–143.

Rey, A. 1982. *Encyclopedies et dictionnaires*. Paris: Presses Universitaires de France.

Scott, M. 2010. *WordSmith Tools*. Handbook for WordSmith 5.0.

Seretan, V. and E. Wehrli. 2007. "Multilingual collocation extraction with a Syntactic Parser". *Language Resources and Evaluation*. 43 (1): 71–85.

Siepmann, D. 2005. "Collocation, Colligation and Encoding Dictionaries". *International Journal of Lexicography*. 18(4): 409–443.

Sinclair, J. 1991. *Corpus Concordance Collocation*. Oxford: Oxford University Press.

Sinclair, J. 1996. "The search for units of meaning". *Textus*. (9): 1–6.

Sinclair, J. 2004. "Language and computing, past and present". In M. Rogers and K. Ahmad (eds). *New Directions in LSP Studies. Proceedings of the 14th European Symposium on Language for Special Purposes: Communication, Culture, Knowledge, 18–22 August 2003*. University of Surrey, Guildford, 1–12. Available from http://portal.surrey.ac.uk/computing/news/lsp2003.

Sinclair, J. 2008. "Preface". In S. Granger and F. Meunier (eds). *Phraseology: An Interdisciplinary Perspective*. Amsterdam / Philadelphia: John Benjamins Publishing Company. xv–xviii.

Sterkenburg, Piet van. 2003. *A Practical Guide to Lexicography*. Amsterdam/Philadelphia: John Benjamins Publishing Company.

Stubbs, M. 2001. *Words and Phrases: Corpus Studies of Lexical Semantics*. Oxford: Blackwell.

Stubbs, Michael. 2002. *Words and Phrases: Corpus Studies of Lexical Semantics*. Oxford: Blackwell.

Taylor, C. 2008. "What is corpus linguistics? What the data says". *ICAME Journal*. (32): 179–200.

Teubert, W. 2001. "Corpus Linguistics and Lexicography". *International Journal of Corpus Linguistics*. 6(special issue):125–153.

Tognini-Bonelli, E. 1996. "SECTION 2: THE MALVERN SEMINAR: Towards Translation Equivalence from a Corpus Linguistics Perspective". *International Journal of Lexicography*. 9(3): 197–217.

Tognini-Bonelli, E. 2001. *Corpus Linguistics at Work*. Amsterdam: John Benjamins Publishing Company.

Tomaszczyk, J. 1983. "The Case for Bilingual Dictionaries for Foreign Language Learners". In R. R. K. Hartmann (ed). *Lexicography: Principles and Practice*. London: Academic Press. 58–70.

Walker, Crayton. 2009. "The Treatment of Collocation by Learners' Dictionaries, Collocational Dictionaries and Dictionaries of Business English". *International Journal of Lexicography*. 22(3): 281–299.

Walker, D. E. 1994. "The Ecology of Language. Proceedings of the International Workshop on Electronic Dictionaries". In Antonio Zampolli, Nicoletta Calzolari and MarthaPalmer (eds). *Current Issues in Computational Linguistics: In Honour of Don Walker*. Dordrecht: Kluwer. 359–376.

Weinreich, Uriel. 1969. "Problems in the Analysis of Idioms". In J. Puhvel (ed). *Substance and Structure of Language*. Berkeley/Los Angeles: University of California Press. 23–81.

Winograd, T. and C. F. Flores. 1986. *Understanding Computation and Cognition*. Norwood NJ: Ablex.

Wray, A. 2002. *Formulaic Language and the Lexicon*. Cambridge: Cambridge University Press.

Zgusta, L. 1971. *Manual of Lexicography*. The Hague: Mouton.

蔡基刚，2005，《英汉词化对比与综合表达法》，见《山东外语教学》，第 5 期，35–40。

陈博兴，2003，《基于双语对齐口语语料的翻译词典的自动生成》，见《计算机学报》，第 3 期，275–280。

陈嘉映，2010，《语言哲学》，北京：北京大学出版社。

风笑天，2009，《社会学研究方法》，北京：中国人民大学出版社。

冯志伟，1994，《自然语言机器翻译新论》，北京：语文出版社。

符淮青，2009，《词义的分析和描写》，北京：外语教学与研究出版社。

高芳，2003，《句段意识与翻译单位》，见《外国语》，第 4 期，75–80。

葛本仪，2003，《汉语词汇学》，济南：山东大学出版社。

桂诗春、宁春岩，1997，《语言学方法论》，北京：外语教学与研究出版社。

桂诗春，1995，《心理语言学》，上海：上海外语教育出版社。

郭建中，2001，《汉译英的翻译单位问题》，见《外国语》，第 6 期，49–56。

郭启新,2001,《论语料库与英汉词典配例》,见张柏然、魏向清(主编),《双语词典学论集》,南京:江苏教育出版社,255–265。

荷恩毕(著),刘贤彬等(译),1981,《英语句型和惯用法》,北京:商务印书馆。

洪堡特(著),姚小平(译),2002,《论人类语言结构的差异及其对人类精神发展的影响》,北京:商务印书馆。

胡明扬,1982,《词典学概论》,北京:中国人民大学出版社。

胡裕树,1985,《现代汉语》,上海:上海教育出版社。

黄建华,2001,《词典论》,上海:上海辞书出版社。

科什(著),倪加勋(译),1997,《抽样调查》,北京:中国统计出版社。

朗德尔(著),夏立新、朱冬生(译),2009,《语料库词典学的最新发展和未来趋势——语料库数据在学习词典中的显性应用》,见《辞书研究》,第3期和第4期,71–77,81–91。

李安兴,2003,《语料库与汉英词典条目释义质量的提高》,见《辞书研究》,第5期,29–38。

李德俊,2006,《基于英汉平行语料库的词典编写系统 CpsDict 的研制》,见《现代外语》,第4期,371–381。

李德俊,2007,《平行语料库与积极型汉英词典的研编》,上海:上海译文出版社。

李尔刚,2006,《词义与辞典释义》,上海:上海辞书出版社。

利奇(著),李瑞华等(译),1987,《语义学》,上海:上海外语教育出版社。

李英、吐尔根・依布拉音,2008,《双语句子对齐算法分析》,见《现代计算机》,第12期,71–73。

林杏光,1999,《词汇语义和计算语言学》,北京:语文出版社。

林哲辉、贾剑锋、郭文,2008,《新闻领域双语语料建设与句子对齐方法的研究》,见《电脑与信息技术》,第1期,5–7。

刘萍、张继东,2000,《语义系统中的词项空缺与交际中的可行补偿手段》,见《阜阳师范学院学报》(社科版),第6期,50–52。

刘昕,1998,《基于自动抽取词汇信息的双语句子对齐》,见《计算机学报》,第1期,151–158。

吕叔湘,1984,《大家都来关心新词新义》,见《辞书研究》,第1期,8–14。

吕学强,2003,《基于统计的汉英法律文献亚句子级对齐》,见《东北大学学报》,

第 1 期,23–26。
吕学强,2004,《基于统计的汉英句子对齐研究》,见《小型微型计算机系统》,第 6 期,990–992。
梅家驹、高蕴琦,1999,《语义形式化的研究》,见《外国语》,第 5 期,9–13。
钱厚生,2001,《语义分析与双语词典》,见《辞书研究》,第 3 期,75–82。
钱丽萍,2000,《基于译文的英汉双语句子自动对齐》,见《计算机工程与应用》,第 12 期,59–61。
乔姆斯基 (著),邢公畹等 (译),1979,《句法结构》,北京:中国社会科学出版社。
束定芳,2000,《现代语义学》,上海:上海外语教育出版社。
苏宝荣,2008,《词汇学与辞书学研究》,北京:商务印书馆。
索绪尔 (著),高名凯 (译),2002,《普通语言学教程》,北京:商务印书馆。
托伊贝特 (著),靳光谨 (编译),2003,《语料库语言学与词典学》,见靳光瑾 (编译),《计算语言学视窗》,北京:北京广播学院出版社,283–314。
王斌、王晋瑞,2000,《从信息论和符号学看翻译对等》,见《上海科技翻译》,第 2 期,4–8。
王馥芳、罗敏莉,2004,《语料库词典学的兴起与发展》,见《辞书研究》,第 5 期,45–53。
王建华,2002,《关于语境的构成与分类》,见《语言文字应用》,第 3 期,2–9。
王力,1984,《中国语法理论》,见《王力文集》(第一卷),济南:山东教育出版社,468–472。
王宇,2001,《英汉烹饪词汇语义对比研究——兼谈英汉饮食文化差异》,见《解放军外国语学院学报》,第 2 期,31–34。
卫乃兴,2008,《中国学生英语口语的短语学特征研究—— COLSEC 语料库的词块证据分析》,见《现代外语》第 3 期,280–291。
卫乃兴,2011,《基于语料库的对比短语学研究》,见《外国语》,第 4 期,32–42。
卫乃兴,2012,《共选理论与语料库驱动的短语单位研究》,见《解放军外国语学院学报》,第 1 期,1–6。
徐庆凯,2000,《专科词典立目鉴戒——兼评 < 人文新词典 >》,见《辞书研究》,第 6 期,112–119。
许葵花、张卫平,2003,《论语料库语言学在外语教学中的应用》,见《外语与外语教学》,第 4 期,21–24。

杨惠中,2002,《语料库语言学导论》,上海:上海外语教育出版社。

易敏,2000,《在对译与比较中观察汉语词义系统》,见《北京师范大学学报》,第 2 期,101–107。

雍和明,2003,《交际词典学》,上海:上海外语教育出版社。

于新、吴健、洪锦玲,2011,《基于词典的汉藏句子对齐研究与实现》,见《中文信息学报》,第 4 期,57–62。

俞士汶,2003,《计算语言学概论》,北京:商务印书馆。

张后尘,1994,《双语词典学研究》,北京:高等教育出版社。

张普,1999,《关于大规模真实文本语料库的几点理论思考》,见《语言文字应用》,第 1 期,34–43。

张艳,2005,《基于长度的扩展方法的汉英句子对齐》,见《中文信息学报》,第 5 期,31–36。

张志毅、张庆云,2001a,《词汇学的现代化转向》,见李如龙、苏新春 (主编),《词汇学理论与实践》,北京:商务印书馆,1–16。

张志毅、张庆云,2001b,《词汇语义学》,北京:商务印书馆。

章宜华、雍和明,2007,《现代词典学》,北京:商务印书馆。

章宜华,2004,《计算词典学与新型词典》,上海:上海辞书出版社。

赵万祥、肖丹,2007,《心理学研究演变中的内省方法及意义》,见《长春师范学院学报》(人文社会科学版),第 4 期,23–26。

周荐,2007,《20 世纪中国词汇学》,北京:中国人民大学出版社。

兹古斯塔 (著),林书武等 (译),1983,《词典学概论》,北京:商务印书馆。

# 主要参考词典

*American Heritage Dictionary* (*AHD*). New York: Houghton Mifflin Company. 1992.

*The New Oxford Dictionary of English* (*NODE*). Oxford: OUP. 1998.

*Webster's Third New International Dictionary of the English Language*. Springfield: Merriam-Webster Inc. 1961.

《汉英词典》(修订版),危东亚主编,北京:外语教学与研究出版社,2001。

《简明汉语义类词典》,林杏光、菲白主编,北京:商务印书馆,1987。

《柯林斯 COBUILD 高级英汉双解词典》,北京:高等教育出版社,2009。

《牛津袖珍英语词典》,北京:外语教学与研究出版社,2000。

《现代汉语词典》,北京:商务印书馆,2006。

《新时代汉英词典》,潘绍中主编,北京:商务印书馆,2003。

《新时代汉英大词典》,吴景荣、程镇球主编,北京:商务印书馆,2000。

《新世纪汉英大词典》,惠宇主编,北京:外语教学与研究出版社,2011。

《新英汉词典》,葛传主编,上海:上海译文出版社,1985。

# 汉英对照术语表

| | |
|---|---|
| *t* 值 | *t* score |
| *Z* 值；标准值 | *Z* score |
| 半自由词组 | semi-free word sequence |
| 比喻义 | figurative meaning |
| 编码词典 | encoding dictionary |
| 变量 | variable |
| 标注 | annotation |
| 伯明翰语料库 | Birmingham Corpus; COBUILD Corpus |
| 布朗语料库 | Brown Corpus |
| 部分对等 | partial equivalent |
| 查询 | search |
| 超大型语料库 | mega corpus |
| 超文本信息 | paralinguistic information |
| 程式语言 | formulaic language |
| 抽样 | sampling |
| 抽样框 | sampling frame |
| 抽样偏差 | sampling bias |
| 抽样误差 | sampling error |
| 词典类型学 | dictionary typology |
| 词典学 | lexicography |
| 词汇假设 | lexicalist hypothesis |

| | |
|---|---|
| 词汇空缺 | lexical gap |
| 词汇密度 | lexical density |
| 词汇启动 | lexical priming |
| 词汇学 | lexicology |
| 词汇主义 | lexicalism |
| 词网 | WordNet |
| 词块 | chunk |
| 词目 | headword; entry word; base word |
| 词素 | morpheme |
| 词条 | entry |
| 词位 | lexeme |
| 词形 | lemma |
| 词形还原 | lemmatization |
| 词性标注 | tagging |
| 词性查询 | part of speech query (POS query) |
| 词义 | word meaning |
| 搭配 | collocation |
| 搭配词 | collocate |
| 搭配框架 | collocational framework |
| 搭配力 | collocability |
| 搭配意义 | collocative meaning |
| 搭配语义；搭配义 | collocational meaning |
| 代表性 | representativeness |
| 单语词典 | monolingual dictionary |
| 等距抽样 | equidistance sampling |
| 第二性意义 | second-order meaning |
| 第一性意义 | first-order meaning |
| 短语 | phraseology; phraseologism; multi-word unit (MWU) |
| 短语驱动 | phraseology-driven |
| 短语驱动词典学 | phraseology-driven lexicography |

| | |
|---|---|
| 短语学 | phraseology |
| 对齐 | alignment |
| 对应词 | equivalent |
| 对应空位 | nil equivalent |
| 惰性词 | inactive word |
| 翻译对等词 | translational equivalent; translation equivalent pair |
| 反义关系 | antonymy |
| 反映意义 | reflected meaning |
| 分层抽样 | stratified sampling |
| 分词 | segmentation |
| 概率 | probability |
| 概率抽样 | probability sampling |
| 概念意义 | conceptual meaning |
| 功能词 | function word |
| 共现 | co-occurrence |
| 固定词组 | fossilized word sequence; fixed expression |
| 固定意义 | timeless meaning |
| 关键词 | keyword |
| 规定主义 | prescriptivism |
| 宏观结构 | macrostructure |
| 互信息 | mutual information (MI) |
| 活性词 | active word |
| 机器词典 | electronic dictionary; machine-readable dictionary (MRD) |
| 机器翻译 | machine translation (MT) |
| 积极型词典 | active dictionary |
| 基于语料库 | corpus-based |
| 计算语言学 | computational linguistics |
| 记录 | record |
| 假设 | hypothesis |

| | |
|---|---|
| 假设检验 | hypothesis testing |
| 检索 | concordance |
| 检索工具 | concordancer |
| 检索行 | concordance line |
| 简单抽样 | convenience sampling |
| 节点词 | node |
| 结构化查询语言 | Structured Query Language (SQL) |
| 解码词典 | decoding dictionary |
| 解释性释义 | paraphrase |
| 经验值 | knowledge; cognitive meaning |
| 经验主义 | empiricism |
| 句对齐 | sentence to sentence alignment |
| 句法标注 | parse; parsing |
| 聚类抽样 | cluster sampling |
| 控件 | control |
| 跨距 | span |
| 蓝本 | source |
| 朗文语料库网络 | Longman Corpus Network |
| 类比 | analogy |
| 类符 | type |
| 类符形符比 | type/token ratio (TTR) |
| 类联接 | colligation |
| 理据 | motivation |
| 立目 | headword list building |
| 例证 | citation; example; example sentence |
| 零对等 | nil-equivalent |
| 描写主义 | descriptivism |
| 目的语 | target language |
| 内词条 | sub-entry |
| 内涵意义 | associated meaning |

| | |
|---|---|
| 内省 | intuition |
| 欧洲词典学会 | European Association for Lexicography (EURALEX) |
| 排序 | ordering |
| 毗邻搭配 | neighbourhood collocate; horizon collocate |
| 篇首信息 | header information |
| 频率 | frequency |
| 频率分布 | frequency distribution |
| 频数阈值 | threshold frequency |
| 平均数 | mean |
| 平行语料库 | parallel corpus |
| 歧义 | ambiguity |
| 情感意义 | emotive meaning |
| 情景意义 | occasion meaning |
| 区间估计 | interval estimation |
| 认知 | cognition |
| 筛选 | filter |
| 上下位关系 | hyponymy |
| 社会意义 | social meaning |
| 设计效应 | design effect |
| 实词 | full word; content word; notional word |
| 释译 | translation |
| 数据表 | table |
| 数据库 | database |
| 双语词典 | bilingual dictionary |
| 说话者的情景意义 | utterer's occasion meaning |
| 随机抽样 | random sampling |
| 随机数表 | random number table |
| 同义关系 | synonymy |
| 通用语料库 | general corpus |
| 挖掘 | mining |

| | |
|---|---|
| 完全对等 | perfect equivalent |
| 微观结构 | microstructure |
| 文化局限词；文化词 | culture-bound lexical item |
| 无限总体 | infinite population |
| 习语 | idiom |
| 习语原则 | idiom principle |
| 想象型 | imaginative |
| 消歧 | disambiguation |
| 消极型词典 | passive dictionary |
| 信息型 | informative |
| 形符 | token |
| 学习词典 | learners' dictionary |
| 循环释义 | circularity |
| 言内语境 | linguistic context |
| 言外语境 | extralinguistic context |
| 言语 | parole |
| 样本 | sample |
| 样本规模；样本大小 | sample size |
| 义素 | sememe |
| 义素分析 | componential analysis |
| 义项 | sense |
| 意义单位 | unit of meaning |
| 意义潜势 | meaning potential |
| 因变量 | dependent variable |
| 隐含意义 | connotation; connotative meaning |
| 应用固定意义 | applied timeless meaning |
| 英汉平行语料库 | Parallel English Chinese Corpus (PECC) |
| 英国国家语料库 | British National Corpus (BNC) |
| 英语文库 | Bank of English (BOE) |
| 有限总体 | finite population |

| | |
|---|---|
| 语境 | context |
| 语料库 | corpus |
| 语料库词典学 | corpus lexicography |
| 语料库辅助词典编纂 | Corpus-aided Dictionary Compilation (CADIC) |
| 语料库驱动 | corpus-driven |
| 语料库驱动词典学 | corpus-driven lexicography |
| 语文词典 | philological dictionary |
| 语义场 | semantic field |
| 语义单位 | semantic unit |
| 语义偏好 | semantic preference |
| 语义韵 | semantic prosody |
| 语域 | register |
| 元词典学 | metalexicography |
| 原始义 | radical sense |
| 原型 | prototype |
| 原型义 | prototypical meaning |
| 源语 | source language |
| 蕴含关系 | entailment |
| 真实例句 | authentic example |
| 整体–部分关系 | meronymy |
| 正态分布 | normal distribution |
| 指称义 | denotational meaning |
| 指物性释义 | ostensive definition |
| 置信区间 | confidence interval |
| 置信度；置信水平 | confidence level |
| 中位数 | median |
| 众数 | mode |
| 主题意义 | thematic meaning |
| 准固定词组 | semi-fixed word sequence |
| 字段 | field |

| | |
|---|---|
| 字面义 | literal meaning |
| 自变量 | independent variable |
| 自动化 | automation |
| 自然语言处理 | natural language processing (NLP) |
| 自下而上的方法 | bottom-up methodology |
| 自由度 | degree of freedom |
| 总体 | population |

# 英汉对照术语表

| | |
|---|---|
| active dictionary | 积极型词典 |
| active word | 活性词 |
| alignment | 对齐 |
| ambiguity | 歧义 |
| analogy | 类比 |
| antonymy | 反义关系 |
| annotation | 标注 |
| applied timeless meaning | 应用固定意义 |
| associated meaning | 内涵意义 |
| authentic example | 真实例句 |
| automation | 自动化 |
| Bank of English (BOE) | 英语文库 |
| bilingual dictionary | 双语词典 |
| Birmingham Corpus; COBUILD Corpus | 伯明翰语料库 |
| bottom-up methodology | 自下而上的方法 |
| British National Corpus (BNC) | 英国国家语料库 |
| Brown Corpus | 布朗语料库 |
| chunk | 词块 |
| circularity | 循环释义 |
| citation; example; example sentence | 例证 |
| cluster sampling | 聚类抽样 |

| | |
|---|---|
| cognition | 认知 |
| colligation | 类联接 |
| collocability | 搭配力 |
| collocate | 搭配词 |
| collocation | 搭配 |
| collocational framework | 搭配框架 |
| collocational meaning | 搭配语义;搭配义 |
| collocative meaning | 搭配意义 |
| componential analysis | 义素分析 |
| computational linguistics | 计算语言学 |
| Corpus-aided Dictionary Compilation (CADIC) | 语料库辅助词典编纂 |
| conceptual meaning | 概念意义 |
| concordance | 检索 |
| concordance line | 检索行 |
| concordancer | 检索工具 |
| confidence interval | 置信区间 |
| confidence level | 置信度;置信水平 |
| connotation; connotative meaning | 隐含意义 |
| context | 语境 |
| control | 控件 |
| convenience sampling | 简单抽样 |
| co-occurrence | 共现 |
| corpus | 语料库 |
| corpus lexicography | 语料库词典学 |
| corpus-based | 基于语料库 |
| corpus-driven | 语料库驱动 |
| corpus-driven lexicography | 语料库驱动词典学 |
| culture-bound lexical item | 文化局限词;文化词 |
| database | 数据库 |

| | |
|---|---|
| decoding dictionary | 解码词典 |
| degree of freedom | 自由度 |
| denotational meaning | 指称义 |
| dependent variable | 因变量 |
| descriptivism | 描写主义 |
| design effect | 设计效应 |
| dictionary typology | 词典类型学 |
| disambiguation | 消歧 |
| electronic dictionary; machine-readable dictionary (MRD) | 机器词典 |
| emotive meaning | 情感意义 |
| empiricism | 经验主义 |
| encoding dictionary | 编码词典 |
| entailment | 蕴含关系 |
| entry | 词条 |
| equidistance sampling | 等距抽样 |
| equivalent | 对应词 |
| European Association for Lexicography (EURALEX) | 欧洲词典学会 |
| extralinguistic context | 言外语境 |
| field | 字段 |
| figurative meaning | 比喻义 |
| filter | 筛选 |
| finite population | 有限总体 |
| first-order meaning | 第一性意义 |
| formulaic language | 程式语言 |
| fossilized word sequence; fixed expression | 固定词组 |
| frequency | 频率 |
| frequency distribution | 频率分布 |
| full word; content word; notional word | 实词 |

| | |
|---|---|
| function word | 功能词 |
| general corpus | 通用语料库 |
| header information | 篇首信息 |
| headword list building | 立目 |
| headword; entry word; base word | 词目 |
| hyponymy | 上下位关系 |
| hypothesis | 假设 |
| hypothesis testing | 假设检验 |
| idiom | 习语 |
| idiom principle | 习语原则 |
| imaginative | 想象型 |
| inactive word | 惰性词 |
| independent variable | 自变量 |
| infinite population | 无限总体 |
| informative | 信息型 |
| interval estimation | 区间估计 |
| intuition | 内省 |
| keyword | 关键词 |
| knowledge; cognitive meaning | 经验值 |
| learners' dictionary | 学习词典 |
| lemma | 词形 |
| lemmatization | 词形还原 |
| lexeme | 词位 |
| lexical density | 词汇密度 |
| lexical gap | 词汇空缺 |
| lexical priming | 词汇启动 |
| lexicalism | 词汇主义 |
| lexicalist hypothesis | 词汇假设 |
| lexicography | 词典学 |
| lexicology | 词汇学 |

| | |
|---|---|
| linguistic context | 言内语境 |
| literal meaning | 字面义 |
| Longman Corpus Network | 朗文语料库网络 |
| machine translation (MT) | 机器翻译 |
| macrostructure | 宏观结构 |
| mean | 平均数 |
| meaning potential | 意义潜势 |
| median | 中位数 |
| mega corpus | 超大型语料库 |
| meronymy | 整体–部分关系 |
| metalexicography | 元词典学 |
| microstructure | 微观结构 |
| mining | 挖掘 |
| mode | 众数 |
| monolingual dictionary | 单语词典 |
| morpheme | 词素 |
| motivation | 理据 |
| mutual information (MI) | 互信息 |
| natural language processing (NLP) | 自然语言处理 |
| neighbourhood collocate; horizon collocate | 毗邻搭配 |
| nil equivalent | 对应空位 |
| nil-equivalent | 零对等 |
| node | 节点词 |
| normal distribution | 正态分布 |
| occasion meaning | 情景意义 |
| ordering | 排序 |
| ostensive definition | 指物性释义 |
| paralinguistic information | 超文本信息 |
| parallel corpus | 平行语料库 |
| Parallel English Chinese Corpus (PECC) | 英汉平行语料库 |

| | |
|---|---|
| paraphrase | 解释性释义 |
| parole | 言语 |
| parse; parsing | 句法标注 |
| part of speech query (POS query) | 词性查询 |
| partial equivalent | 部分对等 |
| passive dictionary | 消极型词典 |
| perfect equivalent | 完全对等 |
| philological dictionary | 语文词典 |
| phraseology | 短语学 |
| phraseology; phraseologism; multi-word unit (MWU) | 短语 |
| phraseology-driven | 短语驱动 |
| phraseology-driven lexicography | 短语驱动词典学 |
| population | 总体 |
| prescriptivism | 规定主义 |
| probability | 概率 |
| probability sampling | 概率抽样 |
| prototype | 原型 |
| prototypical meaning | 原型义 |
| radical sense | 原始义 |
| random number table | 随机数表 |
| random sampling | 随机抽样 |
| record | 记录 |
| reflected meaning | 反映意义 |
| register | 语域 |
| representativeness | 代表性 |
| sample | 样本 |
| sample size | 样本规模；样本大小 |
| sampling | 抽样 |
| sampling bias | 抽样偏差 |

| | |
|---|---|
| sampling error | 抽样误差 |
| sampling frame | 抽样框 |
| search | 查询 |
| second-order meaning | 第二性意义 |
| segmentation | 分词 |
| semantic field | 语义场 |
| semantic preference | 语义偏好 |
| semantic prosody | 语义韵 |
| semantic unit | 语义单位 |
| sememe | 义素 |
| semi-fixed word sequence | 准固定词组 |
| semi-free word sequence | 半自由词组 |
| sense | 义项 |
| sentence to sentence alignment | 句对齐 |
| social meaning | 社会意义 |
| source | 蓝本 |
| source language | 源语 |
| span | 跨距 |
| stratified sampling | 分层抽样 |
| Structured Query Language (SQL) | 结构化查询语言 |
| sub-entry | 内词条 |
| synonymy | 同义关系 |
| *t* score | *t* 值 |
| table | 数据表 |
| tagging | 词性标注 |
| target language | 目的语 |
| thematic meaning | 主题意义 |
| threshold frequency | 频数阈值 |
| timeless meaning | 固定意义 |
| token | 形符 |

| | |
|---|---|
| translation | 释译 |
| translational equivalent; translation equivalent pair | 翻译对等词 |
| type | 类符 |
| type/token ratio (TTR) | 类符形符比 |
| unit of meaning | 意义单位 |
| utterer's occasion meaning | 说话者的情景意义 |
| variable | 变量 |
| word meaning | 词义 |
| WordNet | 词网 |
| *Z* score | *Z* 值；标准值 |

# 汉英人名对照表

| | |
|---|---|
| 阿尔–卡希米 | Al-Kasimi |
| 阿诺德 | Arnold |
| 阿特金斯 | Atkins |
| 埃弗特 | Evert |
| 奥格登 | Ogden |
| 奥克斯 | Oakes |
| 奥斯代克 | Oostdijk |
| 贝克尔 | Baker |
| 比贝尔 | Biber |
| 布龙菲尔德 | Bloomfield |
| 查尔斯·巴利 | Charles Bally |
| 戴南 | Deignan |
| 戴维·克里斯托尔 | David Crystal |
| 戴维·伍尔斯 | David Woolls |
| 弗斯 | Firth |
| 福克斯 | Fox |
| 格赖斯 | Grice |
| 格莱泽 | Gläser |
| 格朗热 | Granger |
| 格里斯 | Gries |
| 哈德森 | Hudson |

| | |
|---|---|
| 哈利 | Halle |
| 哈特曼 | Hartmann |
| 韩礼德 | Halliday |
| 汉斯顿 | Hunston |
| 豪沃思 | Howarth |
| 荷恩毕 | Hornby |
| 黄铭友 | Ooi Beng Yeow |
| 霍多罗 | Chodorow |
| 霍尔沃森 | Halverson |
| 霍夫兰德 | Hofland |
| 霍姆斯 | Holmes |
| 霍伊 | Hoey |
| 基泰 | Kittay |
| 杰肯诺夫 | Jackendoff |
| 卡特 | Carter |
| 考伊 | Cowie |
| 科什 | Kish |
| 克里希纳穆尔蒂 | Krishnamurthy |
| 克鲁斯 | Cruse |
| 肯尼迪 | Kennedy |
| 朗德尔 | Rundell |
| 勒努夫 | Renouf |
| 雷 | Wray |
| 理查兹 | Richards |
| 利科克 | Leacock |
| 利普卡 | Lipka |
| 利奇 | Leech |
| 伦道夫 · 夸克 | Randolph Quirk |
| 马克瓦尔德 | Marckwardt |
| 迈克尔 · 韦斯特 | Michael West |

| | |
|---|---|
| 迈耶 | Meyer |
| 麦卡锡 | McCarthy |
| 麦克内里 | McEnery |
| 梅尔库 | Mel'čuk |
| 默尼耶 | Meunier |
| 奈达 | Nida |
| 尼迈耶 | Niemeyer |
| 佩西尼亚 | Pecina |
| 乔姆斯基 | Chomsky |
| 乔治 · A. 米勒 | George A. Miller |
| 桑代克 | Thorndike |
| 斯塔布斯 | Stubbs |
| 索绪尔 | Saussure |
| 沃克 | Walker |
| 托马谢夫斯克 | Tomaszczyk |
| 托尼尼-博内利 | Tognini-Bonelli |
| 托伊贝特 | Teubert |
| 威廉 · 拉波夫 | William Labov |
| 魏因赖希 | Weinreich |
| 西普曼 | Siepmann |
| 希拉里 · 普特南 | Hilary Putnam |
| 谢尔莫 | Kjellmer |
| 谢什瓦 | Cheuisheva |
| 约翰 · 辛克莱 | John Sinclair |
| 约翰逊 | Johnson |
| 詹姆斯 | James |
| 兹古斯塔 | Zgusta |

# 索　引

# 附 录

## 附录一：t 分布临界值表

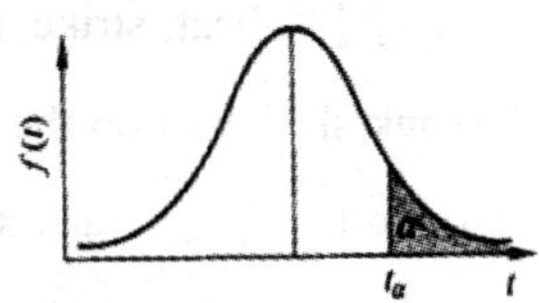


查表时注意：v 是指自由度，并分单侧和双侧两种类型
(右侧的示意图是单侧检验的情形)

| 单侧 | α=0.10 | 0.05 | 0.025 | 0.01 | 0.005 |
|---|---|---|---|---|---|
| 双侧 | α=0.20 | 0.10 | 0.05 | 0.02 | 0.01 |
| V=1 | 3.078 | 6.314 | 12.706 | 31.821 | 63.657 |
| 2 | 1.886 | 2.920 | 4.303 | 6.965 | 9.925 |
| 3 | 1.638 | 2.353 | 3.182 | 4.541 | 5.841 |
| 4 | 1.533 | 2.132 | 2.776 | 3.747 | 4.604 |
| 5 | 1.476 | 2.015 | 2.571 | 3.365 | 4.032 |
| 6 | 1.440 | 1.943 | 2.447 | 3.143 | 3.707 |
| 7 | 1.415 | 1.895 | 2.365 | 2.998 | 3.499 |
| 8 | 1.397 | 1.860 | 2.306 | 2.896 | 2.355 |
| 9 | 1.383 | 1.833 | 2.262 | 2.821 | 3.250 |
| 10 | 1.372 | 1.812 | 2.228 | 2.764 | 3.169 |
| 11 | 1.363 | 1.796 | 2.201 | 2.718 | 3.106 |
| 12 | 1.356 | 1.782 | 2.179 | 2.681 | 3.055 |
| 13 | 1.350 | 1.771 | 2.160 | 2.650 | 3.012 |
| 14 | 1.345 | 1.761 | 2.145 | 2.624 | 2.977 |
| 15 | 1.341 | 1.753 | 2.131 | 2.602 | 2.947 |
| 16 | 1.337 | 1.746 | 2.120 | 2.583 | 2.921 |
| 17 | 1333 | 1.740 | 2.110 | 2.567 | 2.898 |
| 18 | 1.330 | 1.734 | 2.101 | 2.552 | 2.878 |
| 19 | 1.328 | 1.729 | 2.093 | 2.539 | 2.861 |
| 20 | 1.325 | 1.725 | 2.086 | 2.528 | 2.845 |
| 21 | 1.323 | 1.721 | 2.080 | 2.518 | 2.831 |
| 22 | 1.321 | 1.717 | 2.074 | 2.508 | 2.819 |
| 23 | 1.319 | 1.714 | 2.069 | 2.500 | 2.807 |
| 24 | 1.318 | 1.711 | 2.064 | 2.492 | 2.797 |
| 25 | 1.316 | 1.708 | 2.060 | 2.485 | 2.787 |
| 26 | 1.315 | 1.706 | 2.056 | 2.479 | 2.779 |
| 27 | 1.314 | 1.703 | 2.052 | 2.473 | 2.771 |
| 28 | 1.313 | 1.701 | 2.048 | 2.467 | 2.763 |
| 29 | 1.311 | 1.699 | 2.045 | 2.462 | 2.756 |
| 30 | 1.310 | 1.697 | 2.042 | 2.457 | 2.750 |
| 40 | 1.303 | 1.684 | 2.021 | 2.423 | 2.704 |
| 50 | 1.299 | 1.676 | 2.009 | 2.403 | 2.678 |
| 60 | 1.296 | 1.671 | 2.000 | 2.390 | 2.660 |
| 70 | 1.294 | 1.667 | 1.994 | 2.381 | 2.648 |
| 80 | 1.292 | 1.664 | 1.990 | 2.374 | 2.639 |
| 90 | 1.291 | 1.662 | 1.987 | 2.368 | 2.632 |
| 100 | 1.290 | 1.660 | 1.984 | 2.364 | 2.626 |
| 125 | 1.288 | 1.657 | 1.979 | 2.357 | 2.616 |
| 150 | 1.287 | 1.655 | 1.976 | 2.351 | 2.609 |
| 200 | 1.286 | 1.653 | 1.972 | 2.345 | 2.601 |
| ∞ | 1.282 | 1.645 | 1.960 | 2.326 | 2.576 |

## 附录二："打"词条的词典数据

【打】① beat; strike; hit; knock; bang; batter; punch: ～昏 knock sb out | ～屁股 spank sb; hit sb on the bottom | ～死（人） beat (sb) to death | ～蚊子 swat a mosquito | ～手心 crack sb on the hand | 在鼻子上～一拳 punch sb on the nose | ～门 bang (batter at) the door | ～老婆的人 a wife-beater | 敲锣～鼓 beat drums and strike gongs | ～ 桩 drive a pile ② fight; beat; attack: ～ 架 fight; come to blows; scuffle; get into a punch-up with | ～仗 wage (fight) a war | ～碉堡 attack a stronghold | ～ 假 crack down on counterfeit goods ③ do; engage in: ～ 杂 run errands; do menial job; do odds and ends | ～ 拍 子 beat time | ～ 下 手 act as an assistant | ～夜作 work at night | ～短工 work as a casual laborer | ～头炮 fire the first shot; be the first to do sth | ～伏击 ambush ④ play: ～篮球 play basketball | ～扑克 play cards | ～电子游戏 play video games ⑤ send; dispatch; project: ～电话 make a phone call | ～炮 fire a cannon | ～信号 give a signal; signal | ～手电 flash a torch | ～入冷宫 incarcerate sb in an out-of-the-way chamber; consign to limbo; fall into disfavor ⑥ make; forge: ～一把刀 forge a knife | ～家具 make furniture | ～马掌 forge horseshoes | ～铁 work as a blacksmith; miss a shot (in basketball games) ⑦ deal with：～交道 come into contact with; rub shoulders with | ～得火热 be on intimate terms; be cheek by jowl; be as thick as thieves | ～离婚 sue for a divorce | ～官司 go to court ⑧ mix; stir; beat：～鸡蛋 beat eggs | ～浆糊 mix paste | ～馅儿 stir filling ⑨ tie up; pack: ～包裹 pack one's luggage | ～成一捆 tie sth up in a bundle | ～裹腿 wind a puttee | ～结 tie a knot ⑩ draw; paint; make a mark on: ～方格 draw squares | ～个问号 put a question mark | ～图样 paint a picture | ～戳子 put a seal (stamp) ⑪ knit; weave: ～毛衣 knit a sweater | ～草鞋 weave straw sandals | ～辫子 plait a queue ⑫ open; dig; bore; drill: ～井 dig a well | ～开盖子 take off the lid | ～眼儿 drill (bore) a hole ⑬ hoist; raise; hold up: ～旗子 unfurl a banner; hold up a flag | ～灯笼 carry a lantern | ～伞 hold an umbrella | ～帘子 raise the curtain | ～起精神 cheer up; pluck up; get up steam; draw oneself up; keep up one's spirits; buck up ⑭ remove; get rid of: ～旁杈 prune the side branches | ～蛔

虫 kill intestinal worms | ～胎 have an abortion ⑮ ladle; draw: ～水 draw water; bucket water; get water | ～汤 ladle soup | ～稀饭 ladle porridge ⑯ buy; purchase: ～票 buy a ticket | ～酱油 buy soy sauce ⑰ gather in; reap; collect: ～草 cut grass; mow | ～柴 gather firewood | ～青 collect tender young twigs and weeds | 每亩田能～多少稻子？ How much rice can we reap from one mu of land? ⑱ write; issue or receive (a certificate, etc): ～介绍信 write a letter of introduction for sb; get a letter of introduction from | ～借条 write an IOU | ～收条 write out a receipt | ～病假条 get a sick note ⑲ catch; hunt: ～鱼 fish; go fishing | ～鸟 shoot birds | ～野鸭 go duck-hunting | ～野味 hunt wild game ⑳ break; smash: 鸡飞蛋～ The hen has flown away and the eggs broken. (All is lost. To come out empty-handed.) | 杯子～了。 The glass is broken. | 花瓶～得粉碎。 The vase was smashed to pieces. ㉑ construct; build: ～墙 build a wall | ～坝 construct a dam | ～地基 lay a foundation | ～土坯 make adobe bricks ㉒ calculate; reckon; estimate: 成本～200元 estimate the cost at 200 yuan ㉓ work out: ～草稿 work out a draft | ～主意 think of a plan ㉔ (used to indicate certain body movements): ～鼾 snore | ～嗝儿 hiccup; belch; burp | ～哈欠 yawn | ～呼噜 snore | ～冷战 tremble with cold or fear | ～喷嚏 sneeze | ～手势 make gestures; gesticulate | ～滚 roll about | ～踉跄 stagger | ～晃儿 sway | ～个跟斗 turn a somersault ㉕ spray; spread: ～农药 spray insecticide ㉖ adopt; use: ～个比方 draw an analogy | ～官腔 talk like a bureaucrat; speak in a bureaucratic tone | ～马虎眼 act dumb ㉗ label sb as; charge; convict sb of a crime: ～成反革命 label sb as a counter-revolutionary | 被～成右派 be convicted as a Rightist ㉘ (of a riddle) be about; concern: 这个谜语～一字。 This riddle is about a character. ㉙ inject; pump into: ～点滴 have an intravenous drip; be put on a drip | ～气 pump up the bicycle; hearten up; spirit up ㉚ make or give (a discount): ～八五折 make a discount of 15% ㉛ thresh; husk: ～场 thresh grain | ～麦子 thresh wheat | ～稻子 husk rice ㉜ steer; rotate (the steering wheel): 把方向盘向左～ rotate the steering wheel to the left ㉝ remit: 把钱～入账户 remit money to an account ㉞ from; since: ～那以后 since then | ～心眼里 from the bottom of one's

**heart | ～这往东走 go east from here | ～哪儿说起呢？ Where am I to begin? | 你～哪儿来？ Where did you come from? ㉟ through; via: 他～上海去纽约。 He will go to New York via Shanghai.**

## 附录三：BNC 遗漏语域

SPOKEN BNC Sampler: Missing or Unrepresentative Genres

• Consultations: medical (none)

• Consultations: legal (none)

• Classroom discourse (only 3 texts)

• Public debates (only 3 texts)

• Job interviews (none)

• Parliamentary debates (none)

• News broadcasts (none)

• Legal presentations (there are 2 legal cross-examinations, but no presentations, i.e., monologues)

• University lectures (none)

• Telephone conversations (no pure telephone conversations in the BNC as a whole)

• Sermons (only 1 text)

• Live sports discussions (none)

• TV/radio discussions (only 4 texts)

• TV documentaries (only 2 texts)

WRITTEN BNC Sampler: Missing or Unrepresentative Genres

• Academic prose: humanities (none)

• Academic prose: medicine (none)

• Academic prose: politics, law and education (only 2 texts on law, none on politics or education)

• Academic prose: natural sciences (nothing on chemistry, only 1 on biology & 3 on physics)

• Academic prose: social sciences (nothing on the core subject areas of sociology or social work, nor on linguistics, which is arguably a social science, even though it is often treated as a humanities subject)

• Academic prose: technology & engineering (nothing on engineering)

• Administrative prose (only 1 text)

• Advertisements (none)

• Broadsheets: the only broadsheet material included consisted entirely of foreign news, and only from the Guardian

• Broadsheets: sports news (none)

• Broadsheets: editorials and letters (none)

• Broadsheets: society/cultural news (none)

• Broadsheets: business & money news (none)

• Broadsheets: reviews (none)

• Biographies (none)

• E-mail discussions (none)

• Essays: university (only 1 text)

• Essays: school (none)

• Fiction: Drama (only 1 text)

• Fiction: Poetry (only 2 texts)

• Fiction: Prose (insufficient texts, and only 1 short story)

• Parliamentary proceedings/Hansard (none)

• Instructional texts (none)

• Personal letters (none)

• Professional letters (none)

• News scripts (only 1 radio sports news script)

• Non -academic: humanities (only 2 texts)

• Non-academic: medicine (none)

• Non-academic: pure sciences (none)

• Non-academic: social sciences (2 rather odd texts, and 1 which possibly could be non-academic)

• Non-academic pure science material (i.e. popularisations of science texts; there were none of these in the Sampler)

• News scripts (classified as 'written-to-be-spoken' in the main BNC. None included in the Sampler)

• Official documents (only 1 text)

• Tabloid newspapers (only Today and East Anglian Daily Times, the latter of which is not really a tabloid, but a regional newspaper)

## 附录四：随机数表

92459 46807 00742 98068 05715 91914 30368 76830 01471 31879
01990 61688 21317 58136 81372 32479 89450 54188 15032 52447
56357 03811 04824 53455 88755 30122 02839 71763 49639 06246
36783 05002 71761 35852 40640 62630 26769 02587 44623 95577
88822 11796 28561 27091 93013 64939 94299 98240 57450 18672

03478 89017 30466 54463 32998 45826 92196 84866 90728 60701
15272 84614 27404 33686 51283 72980 53589 61318 78649 06703
29596 47534 89805 95170 89816 58314 03649 64285 14682 12486
71904 81693 94887 45573 76874 74548 36851 48630 77916 78922
05201 51312 78986 27330 63194 98096 93212 74891 55099 02678

16510 95406 39078 31468 43577 67990 11287 27068 37874 61734
83316 94852 73159 76123 05010 08393 62827 13728 34709 39578
19962 86326 99855 14146 28341 93570 34163 59623 14103 63367
66852 52392 32115 75977 80723 96562 19388 64446 73949 83823
84161 37020 79694 35717 73417 15617 93437 46981 94838 12418

58837 30960 84272 38937 27926 95403 61816 32202 11343 99925
12971 62671 87151 80924 08413 22879 51701 84303 65556 20152
21036 13175 77916 31978 78896 69869 22225 13043 49858 81615
34152 24555 54366 40704 33111 00490 53198 52317 77478 30052
50434 17800 99805 32819 71033 83674 84640 67470 60922 25920

74643 91686 64861 13547 47668 02710 11434 82867 40442 23126
30774 56770 07259 58864 02002 78870 29737 79078 03891 96198
52766 31005 71786 78399 41418 73730 44254 81034 81391 60870
30583 57645 02821 46759 21611 81875 75570 71403 95020 90567
11411 87731 95412 14734 68216 24237 64399 57190 62003 08072

## 附录五:来自PECC的数据

表1　均势对等

| 汉语上义词 | 语料库中出现总次数 | 英语释译 | 命中的释义词记录数 | 百分比率 |
|---|---|---|---|---|
| 物件 | 23 | thing | 7 | 30% |
| 废物 | 37 | waste | 10 | 27% |
| 炊具 | 1 | cooker | 0 | 0% |
| 餐具 | 32 | tableware | 0 | 0% |
| 交通工具 | 24 | vehicle | 6 | 25% |
| 体育用品 | 8 | sports goods | 0 | 0% |
| 文具 | 4 | stationery | 2 | 50% |
| 粮食 | 132 | grain | 65 | 49% |
| 酒食 | 2 | wine | 1 | 50% |
| 调料 | 8 | seasoning | 0 | 0% |
| 家禽 | 37 | poultry | 23 | 62% |
| 天体 | 22 | celestial body | 0 | 0% |
| 生物 | 502 | biology | 57 | 11% |
| 走兽 | 13 | beast | 8 | 62% |
| 家畜 | 13 | domestic animal | 3 | 23% |
| | | livestock | 2 | 15% |
| 农作物 | 34 | crop | 27 | 79% |
| 树木 | 123 | tree | 99 | 80% |
| 花卉 | 11 | flower | 9 | 82% |

表2　弱势对等

| 汉语上义词 | 语料库中出现总次数 | 英语释译 | 命中的释义词记录数 | 百分比率 |
|---|---|---|---|---|
| 物体 | 115 | material | 2 | 2% |
| | | body | 5 | 4% |
| 物品 | 156 | article | 10 | 6% |
| | | goods | 9 | 6% |
| | | object | 15 | 10% |
| | | artifact | 3 | 2% |
| | | thing | 30 | 19% |

续表

| 汉语上义词 | 语料库中出现总次数 | 英语释译 | 命中的释义词记录数 | 百分比率 |
|---|---|---|---|---|
| 物件 | 23 | article | 1 | 4% |
| | | artifact | 0 | 0% |
| | | something | 0 | 0% |
| 货物 | 49 | cargo | 10 | 20% |
| | | commodity | 0 | 0% |
| 产品 | 686 | goods | 30 | 4% |
| | | article | 5 | 1% |
| | | production | 19 | 3% |
| 物资 | 50 | resource | 2 | 4% |
| | | substance | 0 | 0% |
| | | material | 11 | 22% |
| 废物 | 37 | scum | 0 | 0% |
| | | garbage | 3 | 8% |
| | | refuse | 1 | 3% |
| | | trash | 4 | 11% |
| 器具 | 26 | utensil | 0 | 0% |
| | | instrument | 5 | 19% |
| | | implement | 3 | 12% |
| | | carrier | 0 | 0% |
| | | equipment | 1 | 4% |
| | | apparatus | 1 | 4% |
| | | tool | 3 | 12% |
| 仪器 | 93 | apparatus | 5 | 5% |
| 工具 | 302 | instrument | 30 | 10% |
| 炊具 | 1 | cooking utensil | 0 | 0% |
| 餐具 | 32 | dinner set | 0 | 0% |
| | | dish | 4 | 13% |
| | | dishware | 0 | 0% |
| | | cutlery | 4 | 13% |
| 雨具 | 2 | umbrella | 0 | 0% |

续表

| 汉语上义词 | 语料库中出现总次数 | 英语释译 | 命中的释义词记录数 | 百分比率 |
|---|---|---|---|---|
| 交通工具 | 24 | transport | 11 | 46% |
| | | transportation | | 0% |
| | | transport thing | 0 | 0% |
| 体育用品 | 8 | sports requisite | 0 | 0% |
| 文具 | 4 | writing material | 0 | 0% |
| 玩具 | 218 | doll | 29 | 13% |
| 财物 | 31 | possession | 2 | 6% |
| 粮食 | 132 | food | 52 | 39% |
| | | cereal | 0 | 0% |
| | | rice | 10 | 8% |
| | | grain cereal | 0 | 0% |
| 酒食 | 2 | alcohol | 0 | 0% |
| | | food and drink | 0 | 0% |
| | | beer | 0 | 0% |
| 调料 | 8 | condiment | 1 | 13% |
| | | flavor (flavour) | 1 | 13% |
| 饮料 | 128 | beverage | 14 | 11% |
| 天体 | 22 | heavenly body | 1 | 5% |
| | | aerial | 0 | 0% |
| 生物 | 502 | living thing | 5 | 1% |
| | | organism | 45 | 9% |
| | | creature | 54 | 11% |
| | | life being | 0 | 0% |
| 飞禽 | 12 | fowl | 2 | 17% |
| 走兽 | 13 | animal | 2 | 15% |
| 家禽 | 13 | fowl | 2 | 15% |
| 农作物 | 34 | farm | 6 | 18% |
| | | plant | 7 | 21% |
| | | farm product | 0 | 0% |
| 树木 | 123 | wood | 18 | 15% |
| | | forest | 0 | 0% |
| 花卉 | 11 | flora | 2 | 18% |
| | | flowers and plants | 1 | 9% |
| | | flowering | 0 | 0% |